北京大学新中国留华校友口述实录 丛书
夏红卫 孔寒冰 主编

在历史与现实间探寻中国

法兰西科学院院士
巴斯蒂口述

孔寒冰 编著

图书在版编目(CIP)数据

在历史与现实间探寻中国：法兰西科学院院士巴斯蒂口述 / 孔寒冰编著. —北京：北京大学出版社，2017.4
（北京大学新中国留华校友口述实录丛书）
ISBN 978-7-301-27969-4

Ⅰ. ①在… Ⅱ. ①孔… Ⅲ. ①中国历史–近代史–研究 Ⅳ. ①K250.7

中国版本图书馆CIP数据核字（2017）第042426号

书　　　名	在历史与现实间探寻中国：法兰西科学院院士巴斯蒂口述 Zai Lishi yu Xianshi jian Tanxun Zhongguo
著作责任者	孔寒冰　编著
责任编辑	李治威　周彬
标准书号	ISBN 978-7-301-27969-4
出版发行	北京大学出版社
地　　　址	北京市海淀区成府路205号　100871
网　　　址	http://www.pup.cn
新浪微博	@北京大学出版社　@培文图书
电子信箱	pw@pup.pku.edu.cn
电　　　话	邮购部 62752015　发行部 62750672　编辑部 62750883
印　刷　者	北京市松源印刷有限公司
经　销　者	新华书店
	889毫米×1194毫米　32开本　5.25印张　146千字 2017年4月第1版　2017年4月第1次印刷
定　　　价	43.00元（精装）

未经许可，不得以任何方式复制或抄袭本书之部分或全部内容。
版权所有，侵权必究
举报电话：010-62752024　电子信箱：fd@pup.pku.edu.cn
图书如有印装质量问题，请与出版部联系，电话：010-62756370

"北京大学新中国留华校友口
编委会

顾　　　问	朱善璐　林建华
编委会主任	李岩松
编委会副主任	夏红卫　孔寒冰
编　　　委	（按姓氏笔画排序
	丁　超　王　博
	王　勇　马　博
	任羽中　孙祁祥
	李宇宁　张　帆
	陈峦明　陈跃红
	孟繁之　赵　杨
	贾庆国　高秀芹
	蒋朗朗　韩　笑
主　　　编	夏红卫　孔寒冰

"北京大学新中国留华校友口述实录丛书"
总序

中国的儒家讲究"己欲立而立人,己欲达而达人"的仁道,这一直是中华文明处理与外来文明之间关系的伦理原则。在我看来,"立人"与"达人"的精神,正是我们毫无保留、尽心竭力培养外国来华留学生的思想资源。几千年的历史发展使中国形成了开放包容、和谐共生的文化传统。在这样的传统之下,中华文明不仅有极强的学习能力、调适能力,而且具有高度的文化自觉和自信。我们既能够诚心诚意地当"学生",也常常是其他文明的"先生"。在中外文明交流互鉴的过程中,"留学生"扮演了十分重要的角色。比如,大家都熟知的"遣隋使""遣唐使"就曾极大促进了中华优秀文化走向世界,也深刻影响了东亚地区的历史进程。

北大是近代中国向西方学习的产物，更是中华文明自身发展演进的结晶。大学之所以成为大学，最根本的就在于她具有穿越时空的精神力量和文化价值。大学精神的影响不仅局限于校园之内，更有助于生成和塑造一个民族的精神内核和文化品格，也在某种程度上代表了一个民族对外的形象与对世界的承诺。从创办之初，北大就怀抱着"为五洲万国所共观瞻"的国际化抱负，既致力于"西学东渐"，又始终积极推进"东学西渐"。一百多年来，一代代北大人以开阔的视野和胸襟，秉承着为中国也为全人类培养一流优秀人才的崇高使命，积极发展留学事业。1952年9月，"东欧交换生中国语文专修班"14名外国留学生的建制调整到北京大学，从那时开始，一直到今天大力实施《留学中国计划》和《留学北大计划》，燕园里的外国留学生规模不断扩大，办学层次和教育质量不断提升，先后有来自超过190个国家和地区的逾6万名留学生曾在这里求学问教。北大校园里汇聚了来自五洲四海的青年才俊，大家相互尊重、相互学习、和谐相处、共同进步，使北大真正成为文明交流对话的重要桥梁。

在留学北大的外国校友中，涌现出了很多杰出的代表，比如，现任埃塞俄比亚总统穆拉图·特肖梅先生在北大完成了他的本科、硕士和博士教育。李克强总理到埃塞俄比亚访问时，赠送给他的礼物是北京大学的画册。

很多媒体说，这是"师兄弟"会见。我本人也不止一次接待过穆拉图总统。他对北大有很深厚的感情，这种深情，不亚于任何一个中国学生，让人非常感动。德国著名汉学家罗梅君教授在北大学习多年，在中国近现代史研究，特别是中国马克思主义史学在 20 世纪 40 年代的发展研究方面，取得了重要成果。我也曾与她多次交流，以她为代表的北大培养的汉学家，热爱中国、理解中国，而且为促进中外学术文化交流作出了不可替代的贡献。CNN 北京分社前社长吉米先生，从北大毕业后在《时代周刊》、CNN 等知名的外国媒体任驻华记者，多次参加中国两会等重要活动的报道，采访过中国的许多国家领导人，在帮助世界了解改革开放以来的中国方面作出了巨大贡献。他对母校的事情非常关心，2010 年至今担任北大国际校友联络会会长，把自己 40 多年收藏的几百本书捐给了母校。巴勒斯坦前驻华大使穆斯塔法·萨法日尼先生，先在北大学习汉语，后来攻读学士、硕士、博士学位，之后多年担任驻华大使。他和其他许多在华担任外交官的校友一起，为中国和他们所在国之间的友好交往付出了许多努力。多年来，他还坚持从自己繁忙的工作中挤出时间，为母校开设阿拉伯语课。塞尔维亚"东方之家"的副主席玛丽娜校友，20 多年来精心耕耘，为中塞文化的传播和交流作出了巨大贡献，2014 年 12 月，李克强总理访问塞尔维亚时还接见了她。在一次会面中,玛丽娜校友曾向我这样讲:"我觉得,我既是塞尔维亚人,也是中国人。北大就是我的家。"据统计,从北大走出的国际校友中,担任所在国家部级以上官员及驻华大使的超过50人,活跃在当今汉学界的大批汉学家和孔子学院的外方院长都有在北大留学和从事研究的经历,还有更多的国际校友从事教育科研、公共管理、医疗卫生、经贸合作、新闻媒体等领域的工作。

北大有这么多优秀的留学生校友,这是北大的财富,是中国的财富。这些留学生校友,已经成为不同国家不同行业的栋梁人才。与此同时,他们还是加强中国同世界各国友好往来的桥梁和纽带。他们既是视角更独特的见证者,也是中外文化交流的探索者和践行者。他们讲述着也在书写着中国的故事、北大的故事,他们的经历、他们的成就、他们的思想与情感,都在帮助世界更加全面客观地了解和认识中国,也在帮助中国更好地走向世界。因此,用口述历史的形式,收集和整理北大来华留学生的留学记忆与中国故事,有着重要的学术价值和现实意义。这些生动的记录和个人化的叙事,不仅是对宏大历史的补充,也是十分宝贵的史料,必将有助于北大系统梳理来华留学教育工作在不同历史阶段的发展历程和人才培养成果,也为理解新中国的政治、外交、文化、教育历史,提供一批很有价值的资料。

一直以来,北大都非常重视留学生校友工作,在国际合作部专门下设了一个留学生校友联络办公室，负责联络、服务留学生校友，也注意总结梳理开展留学教育的历史经验，并以出版物的形式整理留学记忆。1998年北大百年校庆时，北大就曾出版了反映留学生学习生活的画册及录像带《海外学子在燕园》。其后，以110周年校庆和纪念新中国接收外国留学生60周年为契机，我们又先后出版了《红楼飞雪：海外校友情忆北大》和《燕园流云：世界舞台上的北大外国留学生》两本文集。这些出版物形象生动地展现了来华留学生的风采，其中蕴含的理念、梳理的历史、总结的经验也已经成为北大外事工作者重要的积累，而且还在全国高校以及海内外几十万北大校友中引起了很好的反响。还有三年时间，北京大学即将迎来120周年华诞，在这个具有重要历史意义的节点上，学校正式启动了"北京大学新中国留华校友口述实录计划"，邀请相关领域的专家学者，对留学生校友中有代表性的人士进行访谈，记录、整理、出版他们的故事。

习近平主席指出："新中国成立以来特别是改革开放以来，党和国家高度重视留学事业，制定和实施一系列方针政策，推动我国留学事业取得了令人瞩目的成绩，留学事业为我国改革开放和社会主义现代化建设作出了重要贡献。"留学工作是我国教育文化事业的重要组成部分，随着中国在经济社会文化的快速发展，国际地位不断提升，国际影响不断增强，留学生工作的地位还会更加重要。"西海东瀛涨落潮，万国衣冠舞九韶"，北大将把实施国际化战略作为学校发展的根本战略，始终坚持立足中国、面向世界、内外融合，努力为世界培养更多具有北大底蕴、中国情怀、国际视野的高素质人才！

最后还希望说明的是，口述史是针对个人在特定的场域空间内对社会和事件表述的研究，在一定程度上超越了民族、种族、国家、性别、年龄等现代"分类技术"的控制，能够真实地呈现行动者在一定社会背景下的社会行动和社会记忆，具有独特的学科特征和研究优势。在策划、出版这套丛书的过程中，编委会提出，要始终坚持严谨的态度，尽最大可能突出其学术价值。不仅忠实于受访者的讲述，并且通过访谈第三方、查考档案资料等方式进行考订、补充，更好地还原历史。此外，在整理过程中，努力保持文字的鲜活，使之可信也可读。当然，由于水平所限，丛书中难免存在不少错谬，敬请方家批评。

谨以此丛书献给所有关心、支持、参与新中国来华留学事业的国内外朋友，献给北京大学120周年校庆！

北京大学副校长、丛书编委会主任　李岩松
2015年8月

Contents | **目录**

001 | 引　言
005 | 第一章　我是怎样开始学习中文和中国历史的
020 | 第二章　第一次前往中国的记忆
032 | 第三章　北京大学西语系的外教
055 | 第四章　北京大学历史系的研究生
071 | 第五章　我的国际学术交流
087 | 第六章　研究中国清末民初的历史
101 | 第七章　对中法关系史的一些看法
110 | 第八章　巴黎高等师范学校的副校长
123 | 第九章　法兰西科学院院士
129 | 第十章　我的家庭
138 | 第十一章　情系北大，情系中国
147 | 我所了解的巴斯蒂院士
153 | 致　谢

引　言

　　2015年8月上旬，我专程到了巴黎，在巴斯蒂教授的家里对她进行了三天的访谈。以前我并没有见过她，这是第一次。巴斯蒂教授的家在一幢临街老楼的顶层，房间虽然都不大，但布置得十分温馨，虽然少见豪华和现代的家具，但书多、中国的小摆件多。招待客人用的茶具也是中式的，我仿佛置身于一个中国学者的家中，油然产生一种亲近感。巴斯蒂教授身材瘦小，但谈吐刚毅，充分地显示了历史学家的高度自信。通过几天的交谈，巴斯蒂教授给我留下了许多深刻的印象。

　　第一个印象是求学意志坚定。巴斯蒂教授很早就对中国文化感兴趣，在条件不具备的情况下，能够克服困难，想方设法学习中国语言和中国历史，并将此作为自

编著者与巴斯蒂教授(右)在一起

己终生的追求。为了学好中文和收集中国近代史文献资料,巴斯蒂决心要到中国去。20世纪60年代中期第一次来中国时,她是以外教的身份,在北京大学西语系教授法语,由此也开始了与北京大学半个多世纪的不解之缘。那时候在中国当外教,住在友谊宾馆,上下班车接车送,每月工资竟高达600元人民币。60年代初,中国最高领导人的工资也只有400元多一点,普通大学生的工资只有五十多元。可是,巴斯蒂不是为钱而来,因为当时中法两国没有交换生。虽然教学也非常投入,但是巴斯蒂不改初衷,依旧要学习中文和中国近代史。一年后,中法之间有了交换留学生计划,巴斯蒂便毅然放弃了在北京大学西语系待遇优厚的教职，转成北京大学历史系的研究生。物质条件降低了，可是搬进燕园学生宿舍的她却十分高兴，因为离自己的学术追求更近了。

第二个印象是直陈自己的学术观点。虽然当过五年巴黎高等师范学校的副校长，但总体上说，巴斯蒂教授是一个长期从事中国近代史研究的专家学者，对清末和民国初年的许多大事小情都有着比较深入的研究。在对她访谈之前，我也仔细读了她写的许多学术论文。透过她的讲述和这些论文，我深切感受到了巴斯蒂教授治学严谨，运用文献非常丰富，但更为重要的是她鲜明的学术观点。在很多领域里，如对中国早年赴法勤工俭学的学生的分类及其作用、士大夫与中国政治制度的变革、太平天国起义、洋务运动、中法战争、辛亥革命、北京大学的创立等方面，巴斯蒂教授都做过见解独到的研究。我虽然对她的学术观点不是全都认同，但非常敬佩她严谨的治学态度，特别是坚持从纯学术的角度观察历史问题，从而避免了政治化和情绪化的看法。

第三个印象是善解人意。无论是在北京大学西语系教授法语还是任巴黎高等师范学校副校长，巴斯蒂教授都能设身处地地为学生着想，发现学生的长处，因材施教。在这方面，她有不少动人的故事。比如，对一个不善于学习法语的学生，她鼓励他尽量发挥自己的长处，达到自己可以达到的目标。从她的言谈中，我可以感受到巴斯蒂教授对学生有一种类似于母亲的情怀，所以她说除了本职工作之外，做得最多的工作就是为法国学生、中国学生写求学、求职的推荐信，尽自己所能帮助他们。

第四个印象是对中国、对北大的真情。从20世纪60年代来中国迄今已逾半个世纪了，在这半个世纪中，巴斯蒂教授几乎把自己的全部心血都放在了中国清朝末年到民国初年的研究上面。除了"文化大革命"的那几年之外，她与中国学者，特别是北京大学的学者建立了非常密切的联系。能做到这些，对中国的好奇、兴趣固然是基本的原因，但更重要的是对中国的友好以及热爱。这种友好和热爱不仅仅表现在公正客观地评价甚至赞扬中国社会的发展，而且也表现在毫不讳言中国社会发展的某些不足和缺陷，直截了当地提出自己的不同意见。她这样做的目的是想看到一个发展更为健康、健全的中国。巴斯蒂教授在北京大学学习和工作的时间并不算长，但是，她以史学家的执着真正地领略了北京大学的精神。

访谈时间不长，但给我留下的印象极深。回国后，我在整理录音（录像）时，巴斯蒂教授平缓、刚毅、直率的叙述久久地回荡在我的耳边。在北京大学建校120周年之际能对她访谈并在此基础上整理出这本国际校友口述史，我十分欣慰并愿意与读者分享。

第一章
我是怎样开始学习中文和中国历史的

很多人都问我,最初是怎样对中文和中国近代史感兴趣的,在去中国之前我对中国有多少了解,是通过什么途径获得的。其实,这些问题是很难回答的,许多事情都不一定有明确的答案。

1940年11月,我出生在里昂,我母亲的父亲,也就是我的外祖父是农民出身,他在农村的房子现在还在那里。每逢节假日的时候,母亲就带我们去住。现在,这座房子归我姐姐所有了。我母亲这一方的长辈都在这个地方生活,现在这个地方还有我的很多亲戚。

那时候我母亲在里昂大学教书,是国际法方面的教授。我父亲在巴黎当国会议员,也是里昂大学的法律学

巴斯蒂教授近照

教授,他的专业是宪政法。1940年6月21日,法国战败后,为了继续进行武装斗争,我父亲与一些议员、政治家坐船到了北非,在法国殖民地组织战斗力量。当他们到了摩洛哥后,贝当政府刚与希特勒签订了停战协定,于是就宣告他们是叛徒,命令殖民地当局扣留他们。我父亲乘火车于6月30日到了阿尔及尔,见到了北非军队总司令,想说服他继续和英国结盟对德国作战。但是,这位总司令拒绝了,他已决定服从贝当政府的命令,并按该政府的密令没有给父亲和陪同他的议员提供船只以便他们回到法国参加7月10日的国会会议。

在这次会议上国会通过了授予贝当政府全权废除共和制度的法案。当然,这是因为贝当政府害怕我父亲和陪同他的议员会在国会上否决这项法案,所以就设法阻止他们回国。我父亲和其他议员于 7 月 20 日才回到马赛,但立即就被软禁了起来。7 月 28 日才得以离开,没能参加成国会会议。后来,我父亲回到了里昂,在里昂大学教书,一直教到 1943 年初。我父亲 1941 年在家乡建立了国内政治抵抗组织,它是解放时期全国抵抗委员会的前身,与戴高乐自由法国有秘密联系。那时候,我父亲在里昂非常危险,德国秘密警察对里昂控制得特别厉害,所以他就到巴黎去了。可是,我母亲和孩子们留在里昂,直到 1946 年才离开。之所以离开里昂,是因为 1946 年我母亲被聘为巴黎大学的教授。所以,我们把家

里昂市景

搬到了巴黎。

到了巴黎后,我开始上小学。我记得那是一所中学的附属小学,在小学大门前面有一座塔楼。这座楼在法文中就是塔的意思,实际上是一个日式建筑的花厅,但很多巴黎人都认为它是一座中国的楼,可能是因为它的外形像中国式的建筑。这座楼是1896年巴黎最大的百货公司的老板送给她夫人的礼物,由一位法国建筑师根据当时的日本文艺潮流而建造的,主要用于招待客人,举行奢华的宴会和舞会。后来房东把它卖了,1931年这座楼成了一家电影院,直到现在它仍然坐落在那里。我每天上学的时候都会看到这座楼,这大概是我最初对中国的印象,以及受到东方的影响。

不过,最直接的影响肯定不是这座塔楼,而是来自我母亲的一名学生。我上初中二年级的时候,也就是1951年,我母亲有了一名中国学生。这名中国学生是国民政府1948年派到巴黎进修的,那时候,国民政府派了很多学生到法国进修,他们多数都是外交人员。这名学生实际上就是国民政府的外交官,原来在苏联当领事。后来,为了提高他的水平,国民政府就派他到巴黎读博士学位,他的导师就是我母亲。他读博士学位的时候,研究的是朝鲜战争的问题。这名学生叫胡鸿烈,他现在还活着,住在香港。胡鸿烈是浙江绍兴人,而他的夫人钟期荣博士是湖南长沙人,原来在中国当法官,一年前去世了。他们有一个儿子，现在住在英国，不久前他还来看过我，我们是很好的朋友。按照中国的习惯，每年春节的时候，胡鸿烈都要请老师吃饭。他不但请老师本人，也请老师的全家。但一般情况下我父亲都不去，可我和姐姐都会去。1951年那一年（我之前、之后去了他家好几次，但最重要的是1951年这一次），他们住在巴黎郊区的一座房子里，他夫人要给我们做饭，她做饭非常好吃。当时，巴黎几乎没有中国饭馆，我们家也从来不去饭馆吃饭。不只这样，那时候法国人的生活还是比较艰苦的，一般也不去外面吃。这是我第一次吃中国菜，他夫人下厨房给我们做菜。但是，我母亲非常不高兴，说他夫人不应该去厨房做饭，要跟我们一起吃饭。可是，我母亲的学生说，他夫人应该做菜，给客人做中国菜的女人不能离开厨房。我母亲认为这样是不平等、不好的。

他们的儿子当时5岁了，上的是法国学校，因为那时候没有中国的学校。这个孩子法文学得非常好，但中文不行。他的父亲，也就是我妈妈的学生非常担心他回国后怎么办。他的儿子不认识中国字，那样的话，将是非常麻烦的事，因为他受的应该是中国教育。所以，他就自己在家教儿子学中文。聚会时，我母亲问他，你儿子学不学中文，怎么学，胡鸿烈先生说是自己教。然后，他给我们展示了中国书法，并教我书写中文的数字

一、二、三等。我非常好奇,就请他给我们讲讲,演示一下他怎么教。他给我们看了汉字,就在吃饭的那间房子给小孩上课。他给我们讲汉字是怎么写的,有什么意思,介绍了六书。实际上,他讲的是一些关于汉语的基本知识,还给我们看了一些中文书。就是那次在他家,他教给我几个汉字。我非常感兴趣,回家以后就认真学这几个字。另外,他还向我们讲了中国的情况,告诉我中国各个地方是不一样的,他夫人出生的湖南省与他出生的浙江省在风俗习惯、方言等方面完全不同,北京、广州也完全不同,西藏、新疆也有很大的区别,但是文字是通用的。这些对我的影响都很大。我知道了中国很大,中国跟欧洲是完全不一样的,完全是另外一个世界。不仅如此,我觉得中国的文字体系非常聪明,比拉丁文字更聪明,我对此特别感兴趣。另外,我也想多了解中国人的学术,了解他们的精神生活。

在此之前,我对中国的了解只有一点,只知道有一个叫中国的国家。那时候看不到关于中国的电视节目,有关中国的书也比较少,那是第二次世界大战刚刚结束不久。在战争时期,法国的孩子没有玩具,没有书,即使有也很少。我们家里所有的书都是战争以前的,都是我姐姐的书。那时候带有中国人物或风景图画的书是很贵的,没人能买得起,所以我不知道中国是什么样的。我那时候也不知道中国人的皮肤是黄色的,只知道有各种各样的人，但是各种人具体是什么样的，在我脑中完全是想象的、抽象的概念。所以，第一次接触中文，见到汉字，我觉得非常有意思，觉得汉字和汉语是那么神奇。你只写一个字，这个字就有很多意思，不像我学习的法文、英文、德文或拉丁文。所有这些语言我都会说，但中文是一种完全不同的语言。

与这些语言比起来，汉语是完全不一样的，因为你写的汉字有意义，不只是声音，你所书写的字形还有含义。这对我们外国人来说是很神奇的，所以我对汉语的最初印象就是它是一种非常聪明的语言，是非常有意思的语言。我就想知道汉语与其他语言到底有什么不一样，于是对汉语产生了极大的兴趣。很多汉学家和普通的外国人都认为中国是一个到处一模一样的国家。我也是第一次知道中国很大，虽然是一个国家，但有很多地方，这些地方是不一样的，也有各种各样的文化。尽管这些文化是不一样的，这些地方却有着统一的制度，我觉得这些都是非常有意思的。

那时候我上了中学，班上有我非常亲密的同学，现在我们还是朋友。上课时，我们坐在一起。她有一块手表，而我没有。上数学课的时候，我们觉得非常无聊，不愿意学数学。但我们坐的是第一排，老师很容易看到我们，所以我没有办法问她现在是几点了，是不是快下课了。怎么办呢，后来我就教她写汉语的数字。这样，我再问她时间的时候，她就用汉语的数字告诉我现在几点啦，比如十一点了。我们知道上课不能说话，但通过写汉语数字进行交流，老师就不知道我们在做什么了。我的这位同学是法国人。我母亲的学生教过我写中文数字，我又教她写一、二、三、四……她可以写到三十。总结起来，我是1951年去妈妈的那位学生家，第一次接触汉语和汉字，开始对中国产生兴趣。那时候，我还没有办法学习中文，可已经暗暗下了决心，长大以后，有机会一定要学习中文。我就是在上初中的时候对中国和中文产生兴趣的，但中学并不开这方面的课。那时候，在法国只有上了大学，你才有可能学习中文。巴黎有一个东方语言学校，有中文的教学，但学习的人非常少，因为在50年代社会对中文没有什么需求，也没有什么人对中文感兴趣，所以学生很少。

我1960年开始学中文的时候，我们一个年级只有15名学生。当时我还有另外一个兴趣，就是想学习中国的历史。我为什么又对中国历史感兴趣呢？我上中学的时候，常常去图书馆借书，关于中国的书看了不少，当然都是用法文写的。我母亲知道我对中国历史感兴趣，常常告诉我在什么地方有关于中国的公开讲演。讲演者大都是一些喜欢研究历史的人，他们从中国回来以后都要做有关中国的讲演。所以每当有这样的讲演，我母亲都会告诉我时间、地点和讲演的内容，要我去听。就这样，我听了很多类似的讲演，这对我影响还是很大的。

1957年，我中学毕业。可是，中学毕业后我面临着两个选择，一是直接上大学，二是读高等女子师范学校的预备科。高等师范学校的预备科教学是非常好的，有许多我喜欢上的课，如历史、哲学、语言、文学、地理等方面的课。在这里我可以打下比较好的基础，要比直接上大学好得多，能够学到更多的东西。另外，如果读预备科的话，很容易通过上大学的考试，并且可以得到大学的学士学位，因为你上了预备科，学术水平比普通大学生要高得多。考虑到这些，我就没有上大学，而是上了高等师范学校的预备科。但是，高等师范学校的预备科的课程很重，每个星期有三十多节课，所以我就没有办法再去东方语言学校学中文了。我读完预备科一年级之后想去上大学，我的老师对我说，你的学习成绩比较好，肯定可以考进高等师范学校，高师对你更合适，因为它的教学水平比一般的大学高。还有更重要的，就是高师的学生都可以得到奖学金。这对家庭有好处，可以减轻经济负担。另一个好处是你能够学会独立自主。所以，我想如果有机会我一定要进入高师。于是我继续在预备科学习，并在第二年参加了女高师的考试，但没能考上。我的老师告诉我，第一次考不上高等师范学校是很正常的现象，你第二次肯定能考上。所以我又读了一年预备科，然后参加考试，结果考上了。1960年，我考上了巴黎高等女子师范学校。那时候，我一面在大学里学习历史和地理，一面在东方语言学校学习中文。这就是我的学习情况，从1960年起，在东方语言学校正式开始学习中文。

那时候，巴黎高等师范学校分男校和女校，我考上的是女校，它非常保守。当时的女校和男校完全不一样，法国的教育制度规定男女学生不能在一起。在一般的大学里面，男女学生可以在一起，可是中学和师范学校不行，所以就有女子中学、男子中学，有男子师范学校、女子师范学校。我考入的这所女子师范学校的总教习思想非常保守。一入学她就问我要学什么。我说我的专业是历史，但我还要学中文，要到东方语言学校去登

巴黎高等师范学校

记学中文。她说，你学中文有什么用，你为什么要学中文，学中文不会有任何用处，也很没意思，根本不需要学。按照她的观点，我最好学习古典文学，学习古希腊文还有拉丁文。当时我的古希腊文和拉丁文已经非常好了，后来也拿到了学士学位。直到现在，我也非常喜欢古希腊文和拉丁文，也能看书，但是我觉得古希腊文和拉丁文方面的专家已经有很多了，法国就有不少，欧洲到处都是，美国也有很多。相比之下，当时对中文感兴趣的人好像没有那么多。古希腊文是过去的文字，而中文却一直存在着，是一种非常有用的语言。所以，尽管学校的总教习不赞成我学中文，我还是偷偷地学了。

我是怎么偷偷学中文的呢？那时候，除了东方语言学校之外，我没有别的地方可以学中文，因为只有那里才有中文课。所以，我每天早晨偷偷地离开校园，去东方语言学校听八点开始的中文课，校方也不知道我出去。但比较麻烦的是，我每天有很多课要上，东方语言学校有课，大学里也有历史、地理的专业课，还有学校里其他的一些课，所以我有些忙不过来。另外，当时东方语言学校采用的是中国大陆的教学法，没有录音。我后来在北京大学教法语的时候，虽然那时候还是比较落后，但至少有录音机，我录音，然后让学生们听。他们听我的录音，也可以练习、背诵。可是东方语言学校当时没有这样的设备，完全是通过书面来学习。老师是三位华侨，就像是在中国古代的学校里教书。他们说一句话，然后让学生重复一句。学生们重复后，他们说不对，不对，可是怎么样才能说对，他们又不告诉学生，只是让我们再说一次。所以，我一直没能说好中文，和他们的这种教学方法有很大关系，但是也没办法。现在就完全不一样了，我的学生的中文都说得非常好。

我学习中文不仅仅是出于兴趣，更主要的是想学习中国的历史。在女子高等师范学校里，我们学的历史是比较全面的，按照当代的分法，应该学古代史、中世纪史、近代史和现代史。当然，在近代史里面有一部分是关于中国的。我在东方语言学校学习的时候，不但要学中文、语法等，也要学中国的历史、地理。当然，那里的关于中国历史的课不是很深入，都是比较片面的，所以许多关于中国历史方面的知识都是我自学的，通过看书才知道的。另外，在法国的其他大学里也学到了不少，特别是巴黎大学，那时候巴黎只有一所巴黎大学，就叫巴黎大学。我在巴黎大学文学院学习，完成了我的硕士论文和博士论文。1968年学生风潮以后，巴黎大学分成了几所大学。在巴黎大学，我写了关于辛亥革命的硕士论文。

法国的教育制度跟中国有很大不同，本科教育实际上是我们的制度跟中国制度不一样的部分。我1961年获得了学士学位，是历史和地理学学士，然后我开始读硕士。不过我有两个学士学位,一个是历史和地理方面的,另一个是古典文学方面的。法国的学士学位不用写论文,只要通过考试就行。但是要想得到硕士学位,你就得写论文了。我的硕士导师勒努万(Renouvin)是巴黎大学的著名教授,他是国际关系史和外交史方面的专家。他教国际关系史的时候,讲了一部分关于东亚的内容,实际上主要是关于中国的政治史。本科毕业后,我从1961年开始做硕士研究生,研究的内容是中国的辛亥革命,主要是通过在中国的法国外交官、法国传教士,还有一些法国的新闻记者等,也就是当时住在中国的法国人,看他们是怎么看待辛亥革命的,并考察他们的所见所闻以及报道,对法国政府对待辛亥革命和当时刚成立的中华民国的立场有什么影响。我利用的主要资料一方面是外交部的档案。那时候,外交部档案中的这一部分虽然还没公开,但是我的导师是外交部档案编辑部的负责人,所以得到了外交部的许可,我就可以看这些档案,利用这些档案。实际上,我是第一个利用这些外交档案的学者。另一方面,我的论文也利用了传教士的档案,国防部、海军部的档案,以及当时的大量出版物如报纸、杂志、书籍等。

传教士与辛亥革命的关系很有意思。那时候在中国的传教士分属几个教会,各教会组织都有专门的档案,如巴黎外方传教会、遣使会等,它们的档案里有很多传教士的信件和报告。我在写论文的时候就利用了这些传教士的档案。除此之外,我在写论文的过程中还用到了不少杂志、报纸上的资料,因为这些杂志、报纸上刊登了一些当时到中国旅行的法国人的见闻和一些新闻报道。我用的都是第一手资料,都是以前没有人用的。我的这篇硕士论文的题目是《法国人看到的中国辛亥革命》。这篇论文用法文发表过,也用英文发表过,好像也有中文版,但中文版是在哪儿发表的我并不知道。

我为什么会以辛亥革命为题来写自己的硕士论文呢?有一次,我去看我的导师。我对他说我想写关于中国近代史的硕士论文,可是我不能使用中文的资料,这方面可以用的资料也很少,我该怎么办呢?他对我说,你可以研究法国人、法国政府当时对辛亥革命的看法以及受到了什么影响。以前有一个华侨写过一篇文章,专门论述法国舆论,也就是法国报纸对辛亥革命有什么看法,可是这篇文章的作者只是利用了报纸上的资料。当时的那些法国人对中国有一些同情心,所以歌颂辛亥革命,但是法国舆论的看法却不一样,有的赞成孙中山,有的不赞成孙中山,有的赞成袁世凯,有的认为清末政府已经不能继续,有的认为辛亥革命在中国成立了一个共和国,有的认为辛亥革命完全是一次疯狂行动等。然而这些只是舆论的看法,我在论文中所用的资料却包含了政府方面的,法国政府是怎么看待辛亥革命的。还有,当时在中国的法国人看到了什么,他们所看到的许多事情是非常有意思的,因为中国的文献记载里面没有。这方面的资料是比较丰富的,有些人的观察非常仔细,也常常记录下中国人告诉他们的一些事情,各个省的情况都是不一样的。那时候法国领事馆里都有这方面的档案,在北京有公使馆,在成都、重庆、昆明、南宁、蒙自、龙州、北海、琼州、汉口、福州、汕头、厦门、广州、上海、天津等地的领事馆里也有这方面的档案资料,都很有意思。有了这些资料,我很快就写完了论文并获得了硕士学位。我1962年获得了硕士学位,然后就想写博士论文了,所以直到1964年才去中国。

第二章　第一次前往中国的记忆

2004年，在中法建交五十周年的时候，中国驻法大使馆希望我们法国留学生能写一些回忆文章，所以我就写了一篇。后来他们把这些回忆文章编辑出版了，但是这本文集出版的时候不知道是谁做的编辑，把我写的大部分内容都给删了，而那些是我认为非常有意思的部分。

可能与北京大学的其他国际校友不同，我最初来北大的时候，不是学习，而是教书的。我一开始在北大法语系当老师，后来又到了历史系做留学生。事情是这样的，1964年1月，也就是中法宣布建交的时候，我正在女子师范大学一边学习中文，一边学习中国近代史，因为我想以后攻读中国历史方面的博士学位，我的硕士论文也是关于中国历史的。可是我想攻读中国历史方面的博士学位,就一定要去中国,因为法国的资料不够,特别是写中国近代史方面的博士论文,资料更是显得不足。另外,当时我的中文水平也有待提高。于是我就找到一些与中国有关系的法国政治家,向他们询问有没有法国人去中国工作的机会,如果有的话,我愿意去工作。我当时的想法就是到中国后一边工作一边学习、读书。我找到了一位很有名的法国政治家埃德加·富尔(Edgar Faure),他参加过法国与中国恢复外交关系的谈判。可是他告诉我:"中国人长得都一样,我分不清谁是谁。每次去中国,我看到的都是一样的中国人,所以我真的给不了你什么帮助。"我又与法国外交部联系,向相关负责人询问是不是有办法让我去中国。我说:"我可以去教书或者去做一些其他的工作。"他们说:"法中两国刚刚建交,中国又是一个共产主义国家,所以,两国文化上的交流可能在十年、二十年之后才开始,现在没有什么希望。"

也就是在那一年,我在大学里面参加了一次级别比较高的考试,也就是中学教师资格的考试。我考的是地理和历史方面的,当时的学习负担很重。7月份,我正在考国史的时候,收到法国外交部的电话。他们对我说:"听说中国大使馆正在招聘一些人到中国去教法语,你可以试一试。"不过这件事完全是中方自己操作的,并没有通过法国外交部。按理说，那时候中法两国已经有了外交关系，所以中国政府要招聘法国人，应该通过法国外交部，至少要告诉法国外交部。可是，中国方面并没有告诉法国外交部，而是通过在法国的华侨进行招聘。中方不愿意让法国政府知道这件事，可法国外交部还是知道了。我不清楚法国外交部是怎么知道的。法国外交部的人告诉我："你可以跟中国大使馆联系，看看他们需要什么人，是否可以通过这种途径去中国。打听到准确的消息后，你再告诉我们。"我回去后就给中国大使馆打了一个电话。在电话中，我没有讲我听说了中国大使馆需要一些人到中国去教法语，而是问去中国教法语需要什么资格，我可不可以报名。中国大使馆的人说："那好，你明天来吧。"我说："明天我没有办法来啊，因为明天我要去参加一个考试，后天是不是可以？"他们就说："好，那你就后天来吧。"过了一天，我就到了中国大使馆找到他们。我去的时候，接待我的是一个文化参赞和一个翻译。我向他们做了自我介绍，说我是女子师范大学的学生，已经通过了各种考试。那时候，女子师范大学和男子师范大学还没有合并，不过现在它们是合并的。我们女子师范大学的地位是很高的，比一般的大学还要高。另外，我在大学里已经拿到硕士学位了，正在准备中学教师资格的考试。了解到这些情况之后，中国的文化参赞对我说："那好，你准备一下，两个星期以后去中国吧。"

说起来，决定让我来中国的过程就这么简单。当时我对他们说，两个星期的时间可能有点短啊，我的中学教师资格考试还没有进行完，我也不知道能不能通过。另外，我去中国也需要做一些准备，而两个星期以后就要走，时间太短了。他们说没关系，没关系。后来再去见他们的时候，我发现他们是通过东方语言学校的一名华侨老师来招人的，这位老师叫李志华，《红楼梦》的法文版就是他翻译的。那时候，李志华在东方语言学校里教中文。他们在东方语言学校里招到的都是一年级或是二年级的学生，也就是说这些人还没有拿到大学学历，所以他们非常高兴招到了我，因为我是女子师范大学毕业的，而且有硕士学位，相比较而言，我的水平是比较高的。

实际上情况也没有像中方开始说的那么着急。经过一段时间的准备，我是8月14日左右离开巴黎前往中国的。我们这批一共有14人，其中的11人是东方语言学校的学生，3人不是。除了我之外，另外两人是从非洲的一个国家招的。这两位比我们的年纪都大，差不多有40岁了。我那时候是23岁，其他11人最小的18岁，最大的32岁，都很年轻。

我们是乘飞机从法国来到中国的。中国大使馆给我们办了旅行签证，负责安排我们的行程。但是，在那时候没有从巴黎直接飞往北京的航班。从欧洲到中国主要有两条航线。一条叫北线，是从巴黎飞到莫斯科，然后再从莫斯科飞到北京。另一条是南线，从巴黎乘法航先飞到柬埔寨，从柬埔寨经过越南河内飞往中国广州，在航程的后半段要转乘柬埔寨的飞机。比较起来，苏联的那条线既便宜又快得多，可是，要知道，那时候中苏关系特别紧张，所以如果要走这条线，我们就得有苏联的签证。办签证的时候苏联大使馆要求中国大使馆详细说明我们都是些什么人，为什么要去中国，但是中国大使馆不愿意这样做。因此走南线虽然很贵，但是中方人员还是决定让我们走南线，经停柬埔寨来中国。

对我来说，首次前往中国的经历给我留下了深刻的记忆。这是一次远途旅行，我们乘法航的飞机离开巴黎，先停在了柬埔寨首都金边。我们这些人特别是学生们都非常高兴，因为都是第一次到亚洲。那时候柬埔寨是一个非常好的国家，还没有发生越南战争，所以是一个很好的旅游的地方。按原定计划，我们只是在金边机场换乘柬埔寨的飞机就直接去中国，但是我们到了金边之后才知道，柬埔寨一共才有三架飞机。西哈努克国王去印尼用了一架，当时那架飞机正停留在雅加达。第二架飞机在越南的河内，然后要从河内飞往广州。第三架飞机倒是在金边，可是有故障不能飞了。一时间柬埔寨没有飞机载我们去广州了，因此我们必须要在金边等待那两架飞机回来。柬埔寨方面说可能要等四五天,等那架去印尼的飞机回来我们才可以走。听到这个消息后我们非常高兴,因为可以在柬埔寨转一转了。随我们从法国来的有一位中国大使馆的外交官,大概是一等秘书。这位外交官负责安排我们的行程,我觉得他很不容易甚至有时也很为难,因为我们这些法国人每个人都要做自己的事,有的提出要去看名胜古迹,有的要参观博物馆,还有的要参加其他的活动。这位外交官认为各自行动很不安全,担心我们走失了找不到,于是向中国驻柬埔寨大使馆汇报情况。中国驻柬埔寨大使馆的人也觉得有点麻烦,不知道该怎么办,又怕北京方面批评,所以他们也不敢做决定。我当时就提出一个建议,我说如果我们有四天在柬埔寨的话,不如一起去参观吴哥窟。

吴哥窟是一个古迹群,有许多古域名,它位于暹粒市区北部约6公里处,曾是古高棉王国的首都。这个古迹群被称为世界第七大奇迹。这里的旅游业非常发达,不过那时候前去旅游的人太多,所以我建议利用这四天等飞机的机会去参观吴哥。我对那位中国的外交官说,我们可以自己付钱去参观吴哥,我们所有人一起去。听了我的建议大家都很兴奋,都表示想去看看。这位外交官完全不知道吴哥是什么,甚至不知道吴哥在东南亚的哪个地方,那里有什么样的文化。于是我就向他介绍吴哥在柬埔寨乃至人类文明历史上有多么重要,但这位中

吴哥窟

国外交官还是担心吴哥不安全,于是又去了中国驻柬埔寨大使馆去询问相关人员。大使馆的人说,吴哥是一个好地方,我们这些人可以到吴哥去参观,但是必须在一起,绝对不可以分开。于是这位外交官就带领我们全体成员去了吴哥,到了吴哥之后他也非常高兴,因为他终于看到了吴哥是一个多么好的地方。他对我们的态度也好了起来,一起游览吴哥时非常愉快。参观完吴哥后,我们就回到了金边。

回到金边后,我们就要启程去中国了。直到今天,我对登机时的情景还记忆犹新。我们到了机场后，那里只有一架飞机，可是有很多旅客都等着要上这架飞机。机场的人员告诉我们，所有的行李都不可以带，因为飞机很小。每个人只可以带一个小箱子，也就能装些像旅游牙刷这样的日用品和几件换洗衣服。没有行李，飞机就能多装一些人。登机的时候有很多旅客都抢着上，这时中国大使馆的人来了，他们把所有柬埔寨人挡住，甚至有点儿让人感觉粗暴，只让我们上飞机。就这样，我们好不容易都挤上了前往中国的飞机。飞机终于起飞了，中途在越南河内停了两小时，然后落地广州。

我第一次踏上了中国的土地，从此开始了我与这个遥远的东方国家的不解之缘。

我还清楚地记得到广州后走下飞机的那一幕，有许多中国人欢迎我们，还给我们送了鲜花。那时候，中国到处都是一样的，都会给来到中国的外国人送上鲜花，到中国来的外国人都被称为外宾。其实，我们外国人是不太习惯这样的做法的。从机场出来我们就到了一家饭店。当时的中国很有意思，不是所有的饭店都可以接待外国人。在当时的广州，只有一家饭店可以接待外国人。这家饭店叫东方饭店，现在还仍然营业呢。到中国后我还有另外一个很深的印象，那就是中方给我们规定了非常严格的纪律——我们这些人应该在一起，不得单独行动。如果我们想一个人到街道去转转，就会有人告诉我们不能自由行动。我们对这个规定很不习惯，也觉得很奇怪。

好在我们只在广州参观了一天，然后又乘坐中国的国内航班飞往北京。飞机到了北京，我的第一印象是首都机场那时候很小。我们走下飞机时也有人给我们献花。有意思的是，法国驻华大使也来接我们了。本来中国方面没有通知他有法国人要来，但是法国外交部知道我们到了柬埔寨并且几天后去北京，所以就把这个消息告诉了法国驻华大使，并说明了我们具体到北京的航班，因此法国驻华大使也来到机场欢迎我们。我们是中法建交后第一批来到中国的法国人，他一定要到机场去欢迎我们。代表法国大使馆去机场接我们的只有大使一个人，就在舷梯下面等我们。

最先从飞机里出来的是中方从非洲招来的那两个法国人，男的差不多有35岁，另一位是他的女朋友。他们都是马克思主义者，也许这也是中方招聘他们的原因。这个男人的形象很特别，长得非常像马克思，尤其是他的头发和胡子。我们的大使看到第一个从飞机上下来的法国人长得像马克思，感到十分惊奇。后来大使半开玩笑地对我们说："当时我看到一个法国人像马克思，心想这是一个什么样的法国人啊，感觉好奇怪。"还好其他法国人也陆续走下飞机，大使看到大部分人的长相并没有之前的那个人那样特别，而且这些人也不都是马克思主义者。中国方面当时不希望我们跟法国大使馆有联系,不愿意让法国大使馆接触我们,也不想让他们知道我们要做什么,所以很快就安排我们上了一辆公共汽车,直接将我们送到了友谊宾馆。

当时我们很难买到北京的城市地图。我一到北京就问有没有北京的地图,因为我学过地理,喜欢看地图。通过看地图,我可以知道自己在什么地方,以及这个地方是怎么样的。可是,北京没有地图卖,那时候,所有的地图,包括中国地图、北京地图以及其他地方的地图都属于国家秘密。不能让外国人看到地图,外国人也不应该知道自己在什么地方。这是公安局的规定,管制得很厉害也很严格。我们被送到友谊宾馆后,根本不知道友谊宾馆是什么地方,以及它在北京的方位。不过由于是白天,我可以在行车的路上一直看着外边,随手画了一些标记。根据太阳的方位,我大体能判断出友谊宾馆在北京的什么方位,应该是在北京的西部。一到友谊宾馆,中方就给每个人分了一间房子,这让我们感觉非常好。我们都是年轻人,在法国时还住在家里,都没有自己的房子,所以到北京后我们每个人都分到自己的房间,觉得很舒服,房间也特别安静。

我们到北京后的第一个晚上,中方安排我们到一个剧场看戏,当晚上演的是由江青亲自主持导演的芭蕾舞剧《红色娘子军》。从某种意义上说,我们在北京的第

巴斯蒂教授早年在天安门广场拍摄的照片

一个晚上就感受到了即将开始的"文化大革命"。虽然这时才是1964年,但是"文化大革命"的发生实际上是有个过程的,此时反对修正主义的斗争已经开始了,主要表现在文化方面。我们看这部芭蕾舞剧时感觉非常不习惯,因为每个人的身边都有中方人员陪同。到北京后我便问中方人员,我们的工作地点在什么地方。中方人员回答说还没决定,还要再商量商量。所以在接下来的四五天里,中方人员带着我们到处参观。我们去了颐和园、天安门广场、人民大会堂、革命博物馆等地。当时历史博物馆是不对外开放的,外国人也不能参观。可能主要是文化方面的原因,历史博物馆尚未对外开放,但是革命博物馆外国人可以参观。我们还参观了故宫、

巴斯蒂教授早年在颐和园拍摄的照片

天坛和一座藏传佛教的寺庙,也就是雍和宫。中方工作人员还带领我们去了王府井百货大楼。我们都没有带够衣服,只带了几件换洗的,正好需要新买一些。大家在百货大楼里买了一些新衣服和其他日常用品。我当时在百货大楼买了一件衣服,直到今天还留着,它的质量非常好,现在还可以穿。

第三章　北京大学西语系的外教

大概过了四天,中方人员告诉我们:"现在要商量你们去哪儿工作的问题了。"我问他:"我到什么地方去工作?"他回答说:"现在还不能告诉你们,你们也不要说去什么地方工作,这些都是秘密。"在巴黎时中国大使馆的人告诉我们:"你们都可以一边学习中文,一边教书,教的是法语和法国文学。"那些东方语言学校的学生都想提高他们的中文水平,所以很愿意到中国去。当时,我还对中国大使馆的负责人员说:"我不但要学中国语言,还要学中国历史,我要跟一些中国教授建立联系,以便向他们请教。"中国大使馆的人回答我说:"这些都没有问题,肯定没有问题。"所以到了北京后,我们都问中方人员我们是不是可以开始学中文了。

他们说:"别急,还要等一下。"后来,他们把我们领到了一个地方,一看楼前挂的牌子,我们知道是到了中国的教育部,但是在来之前,他们并没有告诉我们要去哪里。我记得特别清楚,那一天,北京特别热,任何地方都没有冷气。在当时的中国,空调好像是不存在的。

我们进到教育部大楼后来到了一个很大的房间。在这个房间里,有很多中国方面的领导干部,他们都穿着白色的衬衣、黑色的裤子。除了黑白这两种颜色外,几乎没有别的颜色,没有黄的,也没有紫的,就是白色和黑色。这些人都是一副很忙的样子。谈话开始,有一个干部先讲话,他说:"欢迎你们到中国来,现在要给你们安排工作。"在巴黎的时候中国驻法大使馆的人说我们的工作地点都在北京,但是这时候教育部的人说:"你们中有人要到外省去教课。"我们问他:"去外省是到什么地方?"他们说:"这还没决定呢,可能有些人要去西安,有些人要到南京或者广州。"去西安对我们来说没问题,因为西安也是在北方,在那里也可以学习中国语言,学习普通话。但是,去南京就不一样了。在南京,你可能得学当地话,因为那里的人很多听不懂普通话。至于说广州,那问题就更大了,当地人都说广东话,我们根本听不懂。为此我们都提出了异议,说我们来之前中方告诉我们是在北京工作,我们可以学习普通话。可是,教育部的人说他们不知道这件事,也不了解中国驻法大使馆的人都说了什么。我们这些人当中有11人是东方语言学校的学生，但在来北京之前我跟他们都不认识，只是在这次行程中才熟悉起来的。经过几天的相处，我们都想在一起工作，不论是在北京还是在另外一个地方，我们最好都能在一起。

当然，我们最希望的还是一起在北京工作。第一天我们没有协商出一个结果。第二天，我们再一次到教育部去协商。实际上教育部已经做出了决定，那就是有一部分人要去南京，另外还要派往西安一个人。那时候一个外国人，特别是一个年轻的外国人单独去西安是很不容易的，所以我们就说，如果要去南京我们就都一起去南京。但是教育部的人告诉我们，南京不需要那么多人，只需要四个人。后来我们继续协商，让我觉得很奇怪的是，除了我之外，大家都去了外语学院，比如北京外语学院、北京第二外语学院等，还有四个人被分配到南京。他们还没有决定我去哪儿，只是告诉我说："你的工作以后再说。"我感到他们好像不愿意让我去外语学院教书。又过了一段时间，在某天的上午，教育部的有关人员对我说："你去北京大学吧。"为什么让我去北京大学？我当时想，可能是因为我的学位比其他同学高，所以他们派我到北大去。

就这样，我到了北京大学。去北京大学我当然十分高兴，到了北大之后，我就对陪我去的人说，是不是应该拜访一下我要去的那个系的领导,因为按照法国人的习惯,一个新教师应该去拜访自己的主管领导。但是他们说你先不要去,不要着急,等一等。过了几天,大约是在上午八点钟,有人敲我的房门。我打开门一看,来了好几个人。经过自我介绍,我才知道,他们中有北大西语系主任吴达元

吴达元教授

教授,还有一位是西语系的党委副书记俞芷倩,是一个女的。和他们一起来的,还有西语系的另外两个人,我忘记他们的名字了。他们对我说,欢迎您到北大西语系教法语。他们告诉我要教一个班的学生,但是这个班不是法语系的学生,他们都是大学毕业生,而且不一定是北大的,还有辽宁大学、上海大学的学生。他们学的专业都是理科,如数学、物理等。

后来我才知道,这些学生不是自愿选学法语的,而是教育部按国家计划帮助培养的。当时,中国外交活动的重点在非洲,所以想派一些专家到非洲去工作或教书。中方要培养一些理科方面的人去援助非洲,也可以在那里用法语授课。我就是要教这样一个班的学生法语。这是我最重要的任务,学生们的年纪差不多都比我

大，小的有25岁，大的有32岁，以前都没有学过外语，什么外语也不懂。在上课的过程中，一直有一个西语系的助教听我讲课。后来我也开始给法语系的学生讲课，不过在法语系，我只给四年级的学生上课。四年级的学生学习法语写作，我修改他们的文章。我只给他们上语法课，其他的课我都不能教。所谓的其他，指的是有关法国方面的知识，以及法国文学方面的课程。这些课我都不能教，我只能教语法，这个规定是非常严格的。为什么呢？主要是因为中方有些担心，他们担心我是从资产阶级国家来的，不接受毛泽东思想，害怕学生们受我的影响。除了教那个班的语法外，课外我要跟一年级的学生进行很多的对话交流。这样一来，我的上课任务实际上是很重的。来中国之前，中国大使馆的人对我说，到中国后每个星期要讲15节课。可是，我在北大实际上每周要上25节课。当然，因为教的是一年级学生，我备课的任务不是很重，但每天八点一定要上班，所以我没有多少空闲时间。

后来，西语系还要求我给两个讲师上文学课。北大西语系设有英国文学和法国文学方面的课程。但是，当时教这些课的老师都是在国外留学的中国人。教法国文学的老师也是在新中国成立前留学法国的，他们在法国学习法国文学时只学到20世纪30年代，而40年代、50年代、60年代的法国文学则没有学过，更不知道当代法国文学的具体情况。中方认为,如果中国要跟西方建立关系,就要了解西方最近的情况,告诉学生现在的西方是什么样的。可是,中国方面又不想让我这样年轻的法国人直接给中国学生讲课,因为担心学生受到不良的影响。所以,他们想到的办法是让我先给那些中方的副教授、助教讲,然后这些副教授、助教根据中国的需要把我教的东西加以转变,再根据马克思主义的观点来教给中国学生。可是这样一来,学生们了解的西方就不是直接的了。

  这样的课也不大好讲,需要备的课比较多,因为我要给他们讲那些最新的法国文学的发展情况,但是听我讲课的人都觉得很有意思。就在给这些副教授、助教讲法国文学的时候,我向西语系领导提出,能不能给我安排其中的一个助教教我汉语。另外,我还希望与历史系建立联系。可是,西语系的党委书记回答我说,这样不可以,因为你来中国是教书而不是学习汉语的。我感觉那时候中国有关方面不希望外国人学中文,担心外国人跟中国人有直接的交流,但是这些民间关系又是政府左右不了的。我在给这个班上课的时候,总有一个人,也是一个助教,在教室后面听我讲课。她听我讲课的原因是要向有关部门报告我所讲的内容,因为我很快就发现她在写有关我讲课的报告。其实我跟她的关系是很好的,现在我们还有联系。刚开始的时候,我不了解情况是怎样的，有时还主动与中国人接触。但是，任何人与我有过接触后，她都得向有关部门报告，因为如果不报告，那她本人就非常危险了。后来，我就知道这是怎么回事儿了。那时候中国正处在"文化大革命"开始的前夕，特别强调阶级斗争，所以当时的政治监视也特别厉害，当然也很有意思。不久，我买了一辆自行车，后来就骑着它去北京大学上课。刚开始的时候我们住在友谊宾馆，因为是外国专家，所以给我们的待遇非常高，特别是跟一般的中国人比要高很多。每天都有专车接我们到北大，当然不光接送我一个人，也有其他的一些外国专家。我记得有一个是日本人，还有一个是法国人。这个法国人跟一个中国人结了婚，但住在友谊宾馆。由于她是外国人，因此也享受这种待遇。她的丈夫是一名画家，非常有意思。我去北大教课的时候，就和其他的外国老师一起坐专门接送我们的汽车去。我还记得，那时候北京大街上的汽车很少，也没有多少是中国生产的。我们每天坐的那辆车是从东欧进口的，不是高级的汽车，好像是捷克斯洛伐克生产的"斯科达"。

每天乘专车去北大上课，虽然很方便，也很舒服，但是我觉得很不自由。我喜欢骑自行车，所以我就买了一辆自行车，每天骑着它去北大上课，这样比较自由。另外，我来回还可以经过海淀镇，买一些日常用的东西。当时，海淀差不多还是一个农村，看到的也几乎全都是农民。非常有意思的是,我们法国人常常去海淀的小餐馆吃饭。当地人不怕跟我们说话,所以我们吃饭的时候,他们常常会问我们是什么地方来的。这样我们就有了交谈的机会,我非常喜欢与普通的中国人交谈。有一次,我从友谊宾馆去北大,在北大的校园里面,有一位学生跟我打招呼,问我可不可以跟他说几句话。我说当然可以啊,于是下了自行车,我们就交谈起来。经过交谈,我才知道他实际上是西语系法语专业的五年级的学生。他告诉我,他们的老师讲过法国的著名作家司汤达。司汤达是法国很有名的文学家,小说《红和黑》就是他写的。这个学生对我说,他们的老师认为司汤达的这部小说写得并不好,他的写作手法也不是很好。他想

法国作家司汤达

知道老师讲的是不是真的。我对这个学生说，你们老师的意思可能是他不赞成小说的内容，但是小说在文笔方面绝不能说不好，司汤达的小说写得非常好。我问他都看了什么小说，他说只看过《红和黑》。我就跟他说，在司汤达的其他小说中，我觉得有一本比《红和黑》要好得多，那就是《帕尔马修道院》，并让他一定要看看。然后，我告诉他应该赶快去吃饭，因为食堂要关门了。当时，他也害怕有人看到我们一起说话，那时候中国人是不能单独同外国人交谈的。我知道，如果有人看到我和他谈话，对这个学生会很不好，他要受批评或更严厉的处分。在交谈中，我也不能对他讲那些没有公开的东西。

我在北大西语系教了一年多的课，对那个时代西语系、北京大学、北京乃至中国的印象都非常深刻。其中，我在西语系教法语，印象最深刻的是教材。当时使用的教材是北大西语系老师自己编的。在那个时代，这部教材的最大特点就是政治词汇特别多，甚至可以说几乎完全是政治词汇。我常常对编教材的老师说，学生们若是到非洲去，却不懂最基本的生活词汇，那可怎么办啊！编教材的人当然不管这些，内容都是"热爱毛主席、忠于党""党说什么我做什么""为了党和毛主席而努力工作、努力学习""为人民服务"之类的话。编教材的老师也不跟我们交流、讨论。我上课的时候必须完全按照他们的教材讲，不能讲别的东西，但是这种教材中的问题实在是很多很多。

在可能是1965年4月编写的一部教材中，收录了一篇雨果小说里的故事。雨果在其中描写到，公园里有一个非常美丽的湖，湖面上有许多天鹅在悠闲地游弋。不少天真的孩子在父母的陪同下在公园里游玩，他们用食物投喂这些天鹅。这些食物不是普通的面包，而是非常好的点心。可是，在他们的旁边就有讨饭的孩子，这些讨饭的孩子向人讨要面包或点心。雨果说，这些有钱的孩子把好吃的东西喂天鹅，而没有想到给那些讨饭的人。这篇课文好像是在讲法国的现实，似乎当时的法国到处都有讨饭的人，但这不是事实。1964年的时候法国没有人讨饭。课文根本不提这个故事是根据雨果在19世纪写的小说改写的，而试图让读者相信这就是法国20世纪60年代的情况。也就是说，教材借雨果之口讲的这个故事是在影射当时法国的现实，而1964年的时候法国根本没有乞讨的。

现在，法国的社会情况发生了很大的改变，在法国巴黎的大街上有很多乞讨者。可是，在20世纪60年代的时候，法国社会完全不像雨果所描述的19世纪中叶的法国那样。这篇课文没有把这个情况告诉给学生，使学生以为课文讲的是一个当代的故事。当中国的老师让我讲这篇课文的时候，我说，我们可以讲这篇课文，但是应该告诉学生这不是当代的法国,而是过去的法国。如果你不告诉他们事实,学生们会认为现在的法国社会就是这样的,那就完全错了。但是他们告诉我,你不可以这样讲,不能说这是过去的事情。听到他们这样讲,我就说,那好,你们可以这样教学生,我不反对,这是你们的自由。可是,你们不能要求一个法国人这样,不说这是过去的事情,而说是现在的事情。他们说好,那好吧,我们自己讲。我虽然不反对他们这样讲,但还是觉得这篇课文是在诬蔑法国,也是在欺骗学生。学生们完全不知道外面的世界是什么样的,不应当欺骗他们,老师应该告诉他们这是一百年前的事。当然,如果这件事发生在今天,我就不会这样反对,因为法国今天到处都有讨饭的人。不管我怎么说,他们都不听我的意见。在外国,课是不能这样讲的,态度也不应该是这样的。后来,我的学生对我说,下次你给我们讲,用你自己编的教材,不用他们编的。

于是我就自己开始编教材,可是编什么内容,怎么编,我想了很长时间。最后决定给学生们讲故事,讲比较有意思的故事。我选了一个很有名的、伏尔泰写于1747年的小说《札第格》里面的故事。它讲的是锡兰,也就是今天斯里兰卡的故事。有一个国王,他觉得所有的大臣都非常腐败,那么怎样才能找到一个老实而不腐败的财政大臣呢?于是国王想了一个办法,向全国宣告要找一个大臣。选拔的时候,国王在一个大堂上等着,让那些候选人前来面试。但是,候选人不是直接见国王,而是要经过一个没有人的地方。这个地方不仅没有人,而且比较黑,但里面有很多金银财宝和其他非常宝贵的东西。他们从这个地方走出来,会到达国王等他们的那个大堂。到了国王面前,国王命令他们跳舞,绝大多数的候选人都拿了很多金子或是其他宝物,所以跳不了舞。他们拿的东西太多、太重了,跳不动。据此,国王认为,那些不能跳舞的人都是贪腐的,不能选他们当财政大臣。只有一个人没有拿金银财宝,能够很轻松地跳舞。最后,国王就决定让这个人当大臣。国王告诉大家,我选的人可能比较笨,不是很聪明的那种人,但他肯定不是腐败的人。我把这个故事讲得非常简单,学生们一听就学会了。中国人非常喜欢听故事,通过听这个故事,学生们也知道了腐败的官僚是什么样的人。学生们觉得这个故事非常有意思,但是我最感兴趣的是学生们提的问题。有一位学生告诉我,国王选的这位大臣不一定是不腐败的人,但肯定是最聪明的人,因为他对政治制度和国王的计谋非常了解。我觉得这个学生对政治很有见解,他的观点也非常有意思,因为他看到了故事的另一种可能性,他了解政治制度是怎么回事儿。从我到中国以来,我常常觉得当时的中国人不是很聪明的,可这时候我很兴奋地发现情况并不是那样的,中国人非常聪明。

我觉得这些普通的中国人是那么聪明,那么好。可是,当初我为什么认为中国人不聪明呢?实际上,我指的是当时的中国人为什么可以接受后来被证明是那么不正确的政策呢?但是,这个学生提到的这个观点使我感到中国还有希望,因为这就证明普通的中国人也知道问题出在哪里,这个学生也想到了自己可以利用其中的缺陷。我跟这些学生的关系相处得非常好,我常常请他们到外面吃饭,我们一起去北京的一些公园比如颐和园去划船等。他们给我讲了许多非常有意思的事情,这些学生中有许多是从农民家庭来的,但不是贫农或中农,他们的父母都在人民公社当干部。他们是从农村来的,小

1965年巴斯蒂与学生们一起出游

的时候住在农村。有的学生还对我讲，60年代初中国遭遇了大饥荒。他们看到很多人没有吃的东西，不得不吃树皮。其实，这些情况我也知道一些，因为很多人自己都说了。还有一些学生来自工人家庭，或是北京的小商人家庭。学生中有不少是从东北辽宁来的，还有一个是从海南来的，他们都讲了自己的家庭情况。我和学生们的关系非常好，1966年我离开北京之后还有联系。

我教过的这些学生中，有一个人给我留下了非常深刻的印象。那时候，按照系里面的规定，老师要按学习成绩给这些学生分出等级。这个学生就属于比较差的等级中的一个人，他是辽宁人，外语确实学得不怎么好。我对他说，学习外语要有天分，你没有天分，这也没有办法，但如果继续努力，还是可以进步的。他这个人非常老实，也是一个非常好的人，而且非常倔强。我告诉他，你在学习外语的天分上跟其他学生不一样，可是你在其他方面也有自己的天分。他这个人运动能力非常强，擅长跑步，是全校的第一名。我至今还保留着他的一张照片。大概在1965年4月，北大开运动会。我拍的这张照片就是他参加比赛的情景。我告诉他，你的天分与别人是不一样的，你应该利用你的天分。因此，我就想方设法鼓励他。我认为，系里把学生分成好的和不好的，认为学习不好的人就没有办法提高了，这是不正确的。我不同意这种分法，坚持认为每个人都应该提高

巴斯蒂为学生拍的照片

自己的水平。有些学生可能达不到最高的水平,但是应该鼓励他们去努力。你不鼓励他们,他们就不想做,他们就不积极,所以我对这个学生说,你在生活里面是不是幸福的,全在于你自己,你不能瞧不起自己,那不行。在我的鼓励下,这个学生在最后的考试中做得不错,大大地提高了他的水平。按照系里规定的等级,他应该是二分,但是我说应该给他三分,因为他的水平提高了。我给他算三分,当时得三分的学生可能有三个人,但是系里面的老师更改了这个学生的三分,还是给了他二分。我提出了抗议,说做法不对,不公平,要承认学生的进步,但没有办法,系里面坚持他们的等级观点。我只能告诉学生,我本人认为他的成绩达到了三分，而系里没有批准。

对其他学生，我也同样采取鼓励的态度，所以我和学生们的关系非常好。我的家庭原来也是从农村来的，我习惯过农村生活，在我小的时候就习惯了。那时我们家住的地方没有自来水，但是有电。我们生活在比较苦的农村里，家人的知识也很有限。所以，我和同样来自农村的中国学生有很多可以交流的话题，比如种地、收割等。我们相互讲述了许多这方面的故事。那时候中国没有电视，人们没有办法知道外国的情况。我就给他们提供了很多书，对他们说你们可以先看一些书，从书上也可以知道很多外国的事情。后来他们告诉我，读我提供的书对他们的帮助是非常大的。对他们来说，除了掌握学校里所教的内容之外，他们还知道了另外一个世界，以及另外一些东西。特别是这些学生当时在学校里只学法语，别的什么都不学。通过看书，他们就能掌握其他许多方面的知识。还有一点也很特别，学生们都是从理科毕业生中挑选出来并进入北大西语系学法语的，这些额外的知识对他们来说就更重要了。

他们原来都是学理科的学生，因此我认为他们应该一面学习法语，一面了解自己所学专业的新知识、新发展。他们应该看杂志，特别是科学杂志以便提高自己的水平。他们的知识都是在大学里学到的，达到了一定的水平，可是还应该不断提高。我对他们说，你们应该继

1965年巴斯蒂与学生们的合影

续学习专业,法语对你们只是一种工具。所有的外语都只是一种工具,是一种帮助人们获得新的知识的工具。我鼓励他们要继续提高自己的专业知识,这对他们来说是非常有用的。

这些学理科的学生集中到北京大学西语系进行法语培训,然后准备被派到非洲去。我同他们进行过很多交流,对他们有一定的了解。他们都是理科方面的学生,但水平也不是特别高,不是最好的学生,只相当于中学水平。他们接受法语培训后,会被派到外国教书。这些学生是从全国各地的大学中选出来的。那时候中国大学的毕业生都是由国家分配的,就是你毕业以后国家决定你做什么,你就得做什么。这些学理科的学生毕业后,国家决定他们继续学法语,然后再外派。所以,他们来北大学法语并不是出于他们的意愿。也就是说,他们是按照国家当时对外援助的需要,来北大进行法语培训的。挑选这些学生的政治条件特别高,他们要有好的出身,都得是来自农民家庭、工人家庭。总之,他们必须是政治上非常可靠的人。那时候,出身资产阶级家庭或者出身知识分子家庭的人,就没有这种学习的机会。这些工人或农民子弟属于无产阶级,是可靠的。可是,他们的专业水平不是很高,他们没有学习语言方面的特别天赋,所以这些学生毕业之后也不可能做很高水平的研究,主要是让他们当老师,特别是中学老师,到外国去教书。当时中国正在援助非洲,因此他们大多数人都要到非洲某个国家当老师。这不是他们自己的选择,那时候也没有什么自选的职业。

在北大西语系教授法语的日子,也给我留下了很多特殊的记忆。前面提到过,我在西语系当法语老师,每天都有一个助教来听我的课,她的名字叫王文融。她听完我的课后,可能得向系党组织汇报。我还记得西语系党组织中有一位副书记,是一位非常漂亮的妇女,她叫俞芷倩。她是上海人,丈夫是军队里的干部。在"文化大革命"的时候,她被迫害得非常厉害,后来去世了。在我的印象中,她这个人是非常聪明的,做事也很严格,凡事都按规矩做得有条不紊。北大西语系里面有一些非常好的学者,比如当时的系主任冯至,还有吴达元、郭麟阁、陈定民。他们都不是党员，而是民主党派。吴达元早年还曾留学法国。可是在"文化大革命"期间，他们一直不敢和我进行交流，虽然也希望和我谈谈话，但都怕惹麻烦。也就是说，那时候，即使在西语系，中国老师与外教之间也不大交往。不过，中国人是比较客气的，学校领导或有关部门时常请我们吃饭。每逢这时，西语系的主任和党委书记也都被邀请，所以我们也有一些交流，但不是自由的。

除此之外，西语系里的中外教员差不多每个星期都会开一次教学讨论会，主要是讨论学生们的学习情况、使用的教材以及教学方法等。在教学方法方面，我们外国人有不少意见，觉得中方老师的教学方法太生硬。所谓教学方法太生硬，就是什么都要求学生硬背。学习外语，当然需要背一些课文、单词和语法，否则就很难学好，可是除了背以外，老师还应该对学生进行启发式的教学。那时候，中国的老师不大注重对学生们的启发，甚至可以说根本就不做启发，因为他们不想让学生有自由的思想。他们给学生上的主要就是政治课，其他方面的课很少有。我常常对他们说教材里的词汇不是新的，有些语法也是错误的，应该改变。那时候，法语系用的教材实际上讲的不是真正的法语，都是把当时流行的一些中文翻译成了法语，比如说毛主席选集或党的主要文件。在一些讨论会上，我提出了这些看法。有几个教英文的中国教授听到我这么讲，他们非常高兴，因为我说出了他们不敢说的话。我告诉他们，你们的外语不是外语，是汉语翻译成的外语。这样教出来的学生以后不可能会讲外语，因为他们讲的不是外语，实际上是在讲中文。这样教法语肯定不行，我们应该教给他们真正的法语，他们应当学真正的法语，教材应该选用法国作家的作品，是法国人自己的东西。可是，现在使用的教材却把毛主席语录翻译成法语，这样学法语是不行的。不仅如此，他们翻译毛主席语录的时候，有一些译文也是很可笑的。

在这方面有许多例子，比较极端的是"他是又红又专的党员"这句话。翻译"又红又专"时用的词非常不恰当，他们用的那个法语词非常不好，内涵是色情方面的，也就是"黄色"的词汇，是一个都不好说出口的色情词汇①。所以，我批评说，你们肯定不能选用这样的译文，因为这样的译文会让法国人感到十分可笑，人们会把大牙都笑掉的。但是他们说不能改，因为这些译文是中央编译局翻译的。我知道中央编译局是一个非常权威的翻译机构，重点是将马克思、恩格斯、列宁和斯大林的全集译成中文出版，同时也进行国际共产主义运动史的研究工作。由于教材中的课文是中央编译局翻译的，

---

① 该词汇在法语中有"阴茎"的意思。

所以编教材的人不敢改。在外语学院时我的同学也说，这样的译文必须得改，否则是不可以的。中方的编写者不知道这样的译文太搞笑，可法国人都笑话这样的翻译。类似这样的情况还有很多，可是中方编教材的人不敢改。我是在法语系教学讨论会上提出这个问题的，我认为这是我工作上的义务。

我还想说一下齐香老师和她的丈夫罗大冈先生。齐香老师在法语系教书，她和她的丈夫罗大冈是30年代到法国去留学的。第二次世界大战期间，他们没有办法回国，就一直留在法国。直到1947年他们才回到中国。战争期间，他们住在里昂，生了儿子，我的亲戚帮助过他们。齐香第一次去法国的时候，在外省的一个中学读书。读了一年或是两年，我的这位亲戚在这所中学

齐香（左）与罗大冈夫妇

教过她。我的亲戚的母亲住在里昂，后来齐香到里昂去上大学，我的亲戚的母亲时常接待和帮助她。在里昂大学，齐香认识了罗大冈，后来同罗大冈结婚了。1940年，他们在里昂生了一个孩子。那时候他们的生活状况非常苦，主要靠中国国民政府给齐香的奖学金生活。国民政府跟法国的关系维持到了1943年，所以在这期间她可以得到奖学金。可是她生孩子之后，生活就更不容易了，所以我的亲戚给过她很大的帮助。我到中国的时候，这个亲戚把齐香的名字告诉了我，我也知道她在北京大学法语系教书。我在北大任教和后来学习的时候，常常去看齐香和罗大冈。那时候他们住在东大地，我去过他们的家，和他们聊天。齐香和罗大冈非常高兴，因为他们喜欢谈文学。罗大冈当时在翻译罗曼·罗兰的小说，需要一些法文书。我就让家里人在巴黎买，然后寄给我，我再送给他。就这样，我也可以帮助他进行学术研究的工作。罗大冈认识的法国人中也有我认识的，所以我们有很多可以交流的话题。在他们的家里可以自由交谈，罗大冈对当时的政治有很多批评意见。相比之下，齐香是一个非常老实的人，她不是政治家，她不管政治，只管她的法语教学，只关注她自己的工作。齐香也很爱护她的丈夫，对她的丈夫非常尊敬。齐香不大和罗大冈谈政治方面的事情，因为齐香知道谈这些事情太危险，害怕有人听见。那时候，外国人到自己家里来还要向党组织报告,否则以后会有很多麻烦。我去看他们,知道他们事后要做一些报告,所以也不会说什么"反动言论"。其他方面的话,我们可以随便谈,所以罗大冈非常高兴,我也常常去看他们。

在"文化大革命"的那个环境中,我也害怕给他们带来麻烦。1966年6月,他们告诉我不要去他们家了,我去得就少了。但到第二年转为留学生后,我去看他们就方便多了。我骑自行车去看他们,冬天的时候我穿得很多,人家不知道我是外国人,所以非常方便。

总体来说,在北大西语系教授法语和在历史系当研究生的时候,我同中国的学者有了很多交流,学到了许多东西。

第四章　北京大学历史系的研究生

我开始在北大教书后不长时间,差不多是 1964 年 10 月份,中法两国签订了一个互换留学生的协定,就是有一批中国学生到法国去学习,法国也招了一批学生到中国来学习。可这时我已经在北京了,所以就没有机会利用这个协定了。根据这个协定交换的学生,主要是学习语言,而且都是些语言水平比较低的学生。他们只能学语言,其他的东西都不能学。1965 年五六月份的时候,中法之间又有了一个新的文化协定。根据这个文化协定,两国不仅可以交换教授语言的教师,还可以交换研究生,当然更多的还是学习语言的留学生。当时法国驻华大使馆文化参赞告诉我,根据这个协定我可以在中国当研究生。

我来中国的时候是作为中方聘用的外国专家,当研究生则意味着要转换身份。这种转换进展得不太顺利,而且有些麻烦。我们从法国来中国之前,中国大使馆的人告诉我们,到中国后我们需要签一个合同,这个合同里面要规定我们的工作是怎么样的,我们的工作条件是怎么样的。可是我们到了中国之后,什么合同都没有签订,我们没看到什么合同。虽然没有签订合同,但是那时候我作为法国专家来中国却有相应的物质保证。比如我前面说过,我们住在友谊宾馆,北大有专车接送我们上下班等。另外,中方发给我们非常高的工资,我们的待遇是非常好的。我第一年是在北大西语系教课,北大付给我工资。当时,我的工资是每月600元人民币。1964年,每月600元的工资是非常高的。那时候北大工资最高的一些老教授每月也只有400元,讲师是30元,而助教只有20元。一般的大学教授大概是120元到150元,大学毕业生每个月只有56元。我的学生说他们的奖学金是12元。但在法国600元不算高,我能拿到这个工资的两倍,也就是1200元人民币。中国方面都说我们的工资非常高,我说,我不是为了钱才来中国的,因为我留在法国,工资也比较高。另外,当时在中国的一些外国专家实际上是逃离本国的移民。他们到中国是为了钱,因为他们在中国可以生活,在其他的地方就很难了。所以,他们和我们这些年轻的法国人来华的目的和做法是完全不一样的。中方发给我们的工资比中国人高得多，但比我们可以在国内得到的要少，所以这些外国人也不太了解我们的心理。更为重要的是，我来中国的主要目的就是要学习中文和中国历史。

1965年5月，法国的驻华文化参赞对我说，你可以同北大商量，看他们让不让你转换身份，也就是不教书了，当研究生。我同北大西语系当时的党总支书记、后来当了北大副校长的黄一然进行了交谈。黄校长在"文化大革命"期间也受到了迫害，他对西方比较了解。西语系的党总支书记严宝瑜也比较了解西方，因为他曾在德国留学。那时逢年过节北大常常举办有外国人参加的招待会，我多次与他交谈过。我知道他对德国文学很感兴趣，他也比较喜欢和我交谈，乐于帮助我，就是他说应该让我去历史系学习。他们认为我要搞学术研究，所以想帮助我。西语系和北大有许多这样的老师，他们比较开明，认为我搞学术研究和了解中国实际上对中国也有好处。他们同意我到历史系当研究生，进行学术研究。虽然当时中国的有些政策是限制外国人的，但他们还是认为应该鼓励外国人研究中国的历史。就这样，北大方面接受了我的要求，我不再在西语系教法语，从1965年9月开始转到历史系当研究生。

我是1964年8月来中国的，到这时也就一年多一点，我就转换了自己的身份，从外教变成了研究生。

很有意思的是，西语系的不少中国老师都跟我说，你以前在这里教书，是外教，待遇好，工资也很高，现在要去历史系当学生了，地位降低了，很高的工资也变成少得多的助学金，你不应该这样做。听到这些话，我就跟他们说，毛主席不是号召人们一辈子都要学习么，所以，我也想继续学习。听我这样讲，他们不再说什么了。

到历史系当研究生之后，我就不能再住在友谊宾馆了。于是，我就搬到北大的学生宿舍，住进了北大南门附近的26楼。虽然身份变成了学生，住在学生宿舍，但是我的待遇还是比较好的。我们研究生的奖学金是每个月120元钱，这在当时仍然是比较高的。另外，我是一个人住一间房子，而同样的房间要住6个中国学生。我一个人住，就意味着我有自己独立的空间，所以我非常高兴，因为我住到北大校园后，更容易跟其他人联系和交往了。当然，一般情况下，中国学生不会主动和外国留学生谈话，可是在26楼里面，所有的外国留学生都住在一起，还有一些西语系的中国学生。当时学校有

巴斯蒂在北大宿舍

一个规定，和外国留学生住在一起的中国学生只能用外语进行交谈，而不能用中文交流，所以我还是没办法学中文。我的中文一直说得不好，可能也与我不能同中国学生练习说中文有关。我们交谈时或者讲法语或者讲英语，就是不能讲中文。不过我当时也想，这些中国学生可能一辈子也没有机会到外国去，我们应当帮他们练习法语，这没什么不好的。所以我也尽量跟他们讲法语，不讲汉语。我们留学生虽说也有一些汉语课，可是这些汉语课教得不太好。幸运的是，我在历史系是由邵循正先生辅导的，他对我的辅导非常重要，对我的研究非常有用。我每个星期去系里一次，邵先生都给我做辅导，可没过多久就中断了。

为什么中断了？原因是从1965年10月起，邵循正先生被派到农村搞"四清"运动了。"四清"是中共中央1963年到1966年5月在全国城乡开展的社会主义教育运动，开始是在农村中"清工分、清账目、清仓库和清财物"，后来在城乡中"清思想、清政治、清组织和清经济"。在运动期间，数以百万计的干部被派到农村和工厂。大学老师也属于干部，所以也得参加"四清"运动。邵先生是民主党派，不是中共党员，另外他的成分也不好，出身于大官僚家庭。邵先生的身体并不好，病得非常严重，但是他还是被党组织派到农村去搞"四清"了。他在走之前告诉我，他不能继续辅导我了，等他回到北京的时候再同我联系。为了不中断我的学业，邵先生安排了他的学生陈庆华先生每周辅导我。陈庆华先生的身体也不好，患有糖尿病，但是陈庆华先生是中共党员，在很多方面他的情况比邵循正先生要好得多。另外，陈庆华先生很少写文章，不写文章就不容易受到批评。他的专业水平很高，知识面很广，学问也非常扎实。他比邵循正先生年轻，很愿意辅导我。1965年，历史系里所有的中国学生都要到十三陵旁边的农村进行半工半读，陈庆华先生只能教历史系的外国学生了。在这些外国学生中，主要是越南学生，还有一些是尼泊尔的。尼泊尔的学生不太喜欢学习。陈庆华先生很愿意教我，因为教我的时候他可以做学术研究。我那时候正在读邵循正先生借给我的《张謇日记》。这本日记是内部发行的，对我来说非常重要，因为我要利用这份资料写关于张謇的学术论文。这份资料很难读，因为都是草书，读起来非常费劲。在这方面陈庆华先生对我的帮助非常大。《张謇日记》里有很多可以利用的材料，但是其中提及的很多人物我不知道是谁。当时也没有字典可供查找，还有什么人的字是什么等。陈庆华先生给我讲了很多中国历史方面的知识，也讲了他年轻时的很多事，都是一些非常有意思的事。每个星期他辅导我一次，通常这样的辅导应该是两小时，可是每次他都辅导我三小时甚至四小时。中午的时候，其他人都去吃饭了，历史系里面没有什么人，陈庆华先生同我交流了很多问题。最后，他说你应该去吃饭了，再晚了就无饭可吃了。直到这时，陈先生才离开。这些是 1965 年秋天到 1966 年春天的事情。

1965 年夏天放暑假的时候，我回了一趟法国，在法国待了整整一个月。然后，我又来到北京继续读书，仍然是在北京大学，仍然住 26 楼的同一间宿舍。住这栋宿舍的也有其他一些法国留学生。他们中的一些人后来很有名气，比如隆巴德（Lombard）后来当了远东学院院长，现在已经去世了。达尔斯（Dars）把《水浒传》翻译成了法文，现在也去世了。鲍博特（Bobot）是考古学的专家。除了他们之外，还有的成了语言方面的专家，有的成了中国美术方面的专家。

1966 年，中国的"文化大革命"开始，整个社会生活的正常秩序都被打乱了。在这种情况下，外国留学生也无法继续在中国学习了。我是 1966 年 9 月离开北京的，那时候"文化大革命"已经开始了。6 月的时候我正在北大，从我住的房间里可以看到外边在开批斗大会，批的是所谓的牛鬼蛇神。我就从屋里向窗外拍了一张照片。那时候校园里有许多大字报，当然最有名的是聂元梓的那张大字报，我也拍了一张。实际上，"文化大革命"开始以后，我们的学业就中断了。"文化大革命"在北大是 5 月份开始的。到了 6 月初，大部分的

巴斯蒂拍摄的"文化大革命"初期的北大校园

欧洲和苏联留学生都陆续回国了,因为他们要回国参加考试。当时,中国外交部告诉我们的大使馆,本科留学生9月以后就不用再回中国了,因为无法继续上课。研究生没有问题,可以先不回国,所以我那时候还在北大。但是我也有一个返回法国的计划,我想回巴黎看看我的老师和家人,因为我们国家的科学中心聘我当助理研究员,需要办一些手续,所以我想9月回法国。法国驻华大使馆的官员说,那时候回国没问题,过两三个月后还可以来中国继续学习。就这样,我在9月离开北京回到法国。我离开北京的时候不知道会在国内待一个月还是两个月,我特地问了北大方面,如果我回来的话不会有什么问题吧。北大的相关负责人回答说没有问题。

我的东西可以留在房间里,不用搬走。我是经香港回法国的。从北京到达香港后,中国外交部告诉法国驻华大使馆,研究生也可能要晚一点返回中国,六个月之内可能回不来。我到了法国之后就知道不可能很快回到中国了。结果,这一等我就等了近两年。在这期间,我常常去中国大使馆问中国国内的情况,什么时候能回中国继续读书,可得到的回答都是不可以回去。我想给中国朋友写信问一问也不行。那时候也不可以同中国人通信,通信对他们来说是很危险的。我想给他们写信,但又怕牵累他们。如果被扣上里通外国的罪名,他们就有可能被抓起来,关进监狱。所以,我想我还是别给他们写信了。

我说的这些朋友,一部分是我的老师,也就是北大历史系的教授,另一部分是我在西语系教法语时的学生、同事。由于没有办法和他们通信,我只是在过年的时候给他们寄一些明信片,上面只写"新年好"之类的祝词。我想,这样做就不会给他们带去什么政治性的问题,同时又可以表示我对他们的关心。可是,我从来没有得到过他们收到了我的明信片的消息。一直等到1968年底,我才收到一封我的学生写来的信,现在我还保留着这封信呢。学生们在信中都署了名字,在信中告诉我他们都去外地"大串联"了,这时又回到了北大,在北大学习。收到这封信,我心里很欣慰,至少知道他们都还平安。这话怎么讲呢？因为在"文化大革命"期间，有很多武斗，出身不好的人或表达意见的人会挨斗、挨打，不少人都死于非命。他们的来信让我知道，那时候他们都没有发生什么意外。不过，学生们说，他们回到北大不是为了学习法语，而是为了学习政治。后来又有一次，好像是在1972年或是1973年，我接到过一次电话，是我的一个学生打来的。他在电话中告诉我，他被派到了非洲，在非洲一个国家的中学里教数学课还是物理学，我有点记不清了。他要回国，但在回国的途中会经过巴黎，因为当时没有去中国的直接航班，所以他正在巴黎机场转机。他一直保留着我的通信地址和电话。知道他正在巴黎机场后，我就立即赶到了那里同他见面。我们一起出了机场，找了一个地方吃饭并且聊了很长时间。在同他的谈话中，我知道了他的一些情况，并向他询问了其他一些同学的情况。他也向我讲述了一些事情，如他是如何被派往非洲去的，有一个同学去世了，以及另外一些事情。后来，可能是1976年或是1977年，有一个我教过的学生去某个非洲国家途中经过巴黎，我们也见面了。另外还有一个学生被中国政府派到法国进修，在巴黎住了一年，我也跟他常常联系。1978年，我来到了北京，在北京待了三个月。在这期间，我跟许多学生取得了联系，他们中的一部分人这时候已经在北大教书了。直到现在，我还和他们中的一些人有联系。

1966年离开中国的时候,我所有的个人物品都留在了北京,因为我还想回去继续学习。当时,我买了一个大箱子,将衣服等物品都装在了里面,放在北大我住的那个房间里面。我还有一辆非常好的自行车,是凤凰牌的。凤凰牌的自行车那时候普通中国人是买不起的,那的确是最好的自行车。可是,由于中国搞"文化大革命"运动,我没能按时回到中国。过了一年、两年、三年,"文化大革命"这个运动好像还在继续,法国驻华大使馆决定帮我和其他两三个人把全部东西运回法国,是通过海关邮寄的。有意思的是,我的那辆凤凰牌自行车找不到了,可能是被人偷了,因为在"文化大革命"期间,社会秩序很乱。问题最大的是我的那些中文书,因为按当时的政治标准,有的书属于"大毒草"。所谓"大毒草"的书当然最主要的是指刘少奇的书,如《论共产党员的修养》。还有一些其他当时被列为"大毒草"的书,这些书都不能带走,都得烧掉。我的不少书都被中国海关扣下了,因为海关要一本一本地检查。海关人员有权决定哪本书能托运,哪本书不可以。我的很多书都没有托运到法国。

这是1969年的事。法国大使馆的文化参赞与中国海关商量,看看我们的这些书该怎么办。中国海关也觉得这些书很麻烦,不让它们带出国,把它们留到海关这个地方也不合适。因为如果被红卫兵或者其他的造反派看到，就会说海关有那么多"大毒草"之类的书，这些海关人员也会成了"反动派"。结果，对于这些书，中国海关人员扣留也不是，放行也不是，很难办。在这种情况下，我们的文化参赞说，既然这些书都是"大毒草"，那么你们不如让我们将它们带出去，这样中国就没有"大毒草"了。中国的海关人员说，那好，为了中法友谊，我们就让你们把这些书拿走吧。就这样，我还是有许多书被放在箱子里运回了法国。

在离开中国之前，我先在中国进行了一次旅行。1966年7月初，当时就我一个人，因为我是学生，所以不用有人陪着。我在北京的时候哪儿都不敢去，因为在那时候，在中国的外国人是不能随便外出的。如果你想要去一个地方，就应该向当地公安机关提出申请。公安机关会发给你一个证件，拿着这个证件，你才可以去这个地方，才可以买火车票，否则你是不可以去的。所以在离开中国之前，我就到了北京的公安机关，提出我要去上海、无锡、苏州、南京、广州，还有香港等地，而且都获得了批准。然后我就坐火车去了这些城市，当时我无法乘飞机，因为飞机票根本买不到，而且那时候飞机票也非常贵。铁路是比较方便的，而且车票也非常便宜。于是我从北京到了广州，又从广州到了香港。

在香港的时候，我跟一些中国朋友住在一起。我在香港的书店买了大量的书，都是些对我的研究很有帮助的书。但是，我一进中国海关，海关人员就开始检查我的书。我在香港买的书中有一本书是关于袁世凯的，这本书是国民党方面编的书，封面上还有国民党的标志。这样的书是不可能带进来的。那时候，我也不知道这本书的封面上印的是国民党的标志，因为我以前也没看到过。买书的时候，我没有意识到这本书上印的是国民党的标志。但是，海关人员年纪比较大，是一个五十多岁的人，比较有经验。他一看到这本书，就说这本书不可以带进去，因为它是反动的和反革命的书籍。我问他为什么，他说封面上有国民党的标志。我说我也不知道呀，而且袁世凯好多年前就死了，共产党还没成立他就已经死了。这本书对我的研究非常有用，但是无论我怎么说，海关人员就是不允许我带进来，所以我的大部分的书都留在了深圳海关，放在海关的办公室里面。他们告诉我，我可以在出关时再来拿。我只好空手回到了北京。

1966年9月离开中国的时候，我也是经过深圳来到了香港。在深圳海关过关的时候，我又遇到了这个官员，他也认出我了。我问他，我的书现在可不可以拿回去，我去香港，所以对中国内地没有影响。他说，好吧，现在你可以把你的书带走了。就这样，我在一个丹麦朋友的帮助下，把这些书带离了深圳海关，托运到了法国。后来我想，那时候这个官员如果一直把这些书扣留在他那里,他也会有危险,所以,他也希望我们能尽早将它们拿走,因为这些书都是所谓的"大毒草"啊。其实,这些书都是些清末的文集和不用马克思主义的观点来研究中国近代史的著作,它们都是一些学术著作。这些书我现在还保留着呢。

我还想说一下,60年代在中国的时候,虽然一个人不能外出,但是只要有可能,我就尽量到外地去参观,通过参观来接触中国的百姓,了解中国。因为主要住在北京,所以我有空就到近处转转,参观了许多地方,也拍了一些有历史意义的照片,比如北京模范幼儿园。1964年8月我还拍了人民大会堂,1965年5月1日拍了颐和园。在这一天,我和一位从南京大学来的同学一

1964年巴斯蒂拍摄的北京幼儿园中的儿童

第四章　北京大学历史系的研究生

1966年巴斯蒂的父亲来华访问

起游览了颐和园。那时候，北京大街上的外国人很少，汽车也很少见。我还参加了北大组织的开门办学活动，1965年到过北京郊区的四季青公社，还到工厂参加过劳动，当时都留下了照片。有一件事特别值得提及，1965年10月，我父亲来中国访问，他是先去了苏联，然后从莫斯科乘铁路到了中国，主要是同有关方面讨论科学合作事宜。我陪他参观了一些地方，其中就包括颐和园、碧云寺。北京以外的参观活动主要是由北京大学组织的，我也去了很多地方。1965年春节，北大组织我们去了昆明、桂林等地。1966年春节，去了延安、西安、洛阳。

1971年11月再来中国时，我又去了山西省昔阳县的大寨。那时候大寨是非常有名的，出现了陈永贵、郭凤莲等模范人物。不过，在大寨接待我们的不是他们俩，而是宋立英。她也很有名，是大寨的第一个女党员和第一任妇女主任，当时是大寨村的妇联主任，也是大寨村革命委员会副主任。我在大寨偶然遇到陈永贵打猎后回办公室，并上前问候了他。在江西，我去了井冈山和南昌，受到了当地人的热烈欢迎。我参观了井冈山的红军医院、南昌起义旧址等红色景点。事实上，从60年代开始，我走遍了中国各地，到过广州、上海、天津、昆明、南宁、重庆、郑州等许多大小城市，参观了承德避暑山庄、巩县石窟和龙门石窟等许多名胜古迹。1978年我在北大访学三个月，在这期间，也是五一劳动节的时候，我和一些外国学生爬了泰山，后来我还随法国国际关系学会的代表团去西安参观了兵马俑。

第五章　我的国际学术交流

1966年回到法国后,我进入法国国家科学研究中心,与此同时继续写我的博士论文。回国后,我主要是为了写博士论文而进一步收集资料。我在北大当研究生的时候,已经开始做张謇的研究,但那时主要的任务就是翻译一些文献,将张謇的文献翻译成法文并做注释。可是做这些注释应该查很多资料,所以我既要查找资料,还要写论文。我写的是关于张謇的教育改革方面的内容,主要探讨张謇在教育改革中的贡献。我需要看很多以前人写的著作和文章等,要查很多旧期刊和资料,要做有关这方面的研究工作。1967年夏天,我有机会来到哈佛大学。哈佛大学的图书馆藏书非常丰富,我在这里可以看到很多在中国查不到、在法国也查不到的资料。另外，哈佛大学那时候有一批年轻学者，现在他们都是非常有名的教授了。他们的研究题目虽然和我不同，但是他们的研究方向也是清末，所以我们可以进行很多的学术交流。我也常常向费正清教授请教，他请我到他的别墅做客，我们谈了不少有关中国历史的问题。他还询问过我在北京的学习情况。1967年8月，美国亚洲学会召开年会，费正清对我说，你应该去参加这个会，所以我就去了。在这次大会上，我有幸见到了美国很多非常有名的学者。他们都是研究中国问题的，年轻的时候都在中国读过书，对中国情况非常感兴趣，也非常了解。我也将我北京的生活，在北大的学习情况向他们做了汇报。他们也问了我关于"文化大革命"以及其他方面的很多问题。1967年夏天对我来说是一个非常好的机会，因为我不仅到哈佛大学查找了资料，而且还参加了美国亚洲学会的年会。在这次会议上，我还认识了来自台湾的学者，他们对我的研究也非常有帮助。

当时，台湾也有一个代表团来参加这次年会。带领代表团的学者叫郭廷以，那时候是台湾研究院近代史研究所的所长。他毕业于清华大学，是我的老师邵循正先生的同学。在这次会议结束后，台湾学者又访问了哈佛大学，费正清组织了一次学术讨论会，参加者多是美国和台湾的学者，我也参加了。费正清请我介绍北大历史系的情况，于是我就在会上做了一个报告，主要谈我与陈庆华、邵循正、张芝联以及历史系其他学者的关系，怎样跟他们做研究，这些学者的状况如何，主要在做什么。这时候正是中国"文化大革命"期间，所以，我还讲了北大历史系里谁掌权，翦伯赞是怎样受到批判等方面的事情。一年后，翦伯赞夫妇于1968年12月自杀了。我讲完之后，郭廷以对我说，邵循正是他的老同学，他们是很好的朋友。他还说，如果有机会的话，请我问邵先生好。但是，当时我没有办法与邵循正先生取得联系。1971年我再次去北大的时候，看望了邵循正先生。当时他正在病中，而且较为严重。我见到他之后，转达了郭廷以对他的问候，还与他合影留念。那时

1971年巴斯蒂到北大访问

候"文化大革命"还在进行当中,历史系也有革命委员会,里面都是一些非常年轻的人,对学术研究基本没有什么想法。我跟他们谈一些学术上的问题,他们也完全不懂。大家在一起的时候,我也没有办法直接跟陈庆华先生、邵循正先生说真话,因为周围有很多人,实际上都是在监视他们。过了一会儿,大家到院子里照相的时候,我才有机会单独同邵循正先生说了几句话,这些话是不能让别人听的。我告诉他,台湾研究院的郭廷以先生问他好。邵循正先生听后也非常感动。那时候台湾学者告诉我说,在台湾政治管控也是很厉害的,但人们可以不说话。他们认为,在大陆最厉害的不是你不能说话,而是你必须说官方让你说的话。虽然你觉得这些话不是真的,是假的,是不对的,但是,你还得说。他们的这种说法是挺值得琢磨的。

1966年我离开中国大陆以后,曾经想过去台湾,因为台湾的语言教学做得非常好,比大陆好得多。可是,我不可以去台湾。台湾那时候掌权的国民党蒋介石当局认为像我这样去过大陆的人都是共产党,是很危险的人,所以不让入境。如果我真想去,他们就会要求我说大陆不好,可我又不愿意这样做,因此那时没有办法去台湾。1966年以后,我一时没办法再回到中国大陆,我也知道我的中文水平不够高,还应当继续学习,所以才想到要去台湾。但是,我最终也没能想出办法去台湾,这主要是因为上面提到的那些政治问题。直到1986年我才去成台湾，那时蒋介石已经去世了。在巴黎，台湾的文化代表是我母亲的学生，他是一个非常聪明、非常好的人。他对我说，我请您到台湾去参观访问吧。于是我就去了一个星期，受到了非常热情的招待，就像是一个很有名的人那样受到款待。我住在台北一家很有名的宾馆里，这个宾馆是国民党所属的，叫圆山大饭店，是宫殿风格的建筑。在这一周里，我参观了许多地方，也去了大学和研究机构，接待我的人都非常客气。在这个过程中，我注意到了一个非常有意思的现象，那就是台湾的会客厅与大陆是完全一样的，特别是在装饰的方式上完全一样，只不过口号不是共产党的，而是国民党的而已。

　　当时中国大陆我回不去，台湾也去不了，那后来我又是怎么办的呢？或许那时候我做了一个错误的选择，我应该去香港。可是我在巴黎的老师，几乎是所有的老师，没有一个鼓励我去香港。没有人对我说，你现在去不了北京，但还是可以去香港的。当时，我自己也认为，香港人讲的都是广东话，我也听不懂。当然，香港也有一所英国人办的中文学校，英国的外交官、印度的外交官都到这个学校来学习中文。但是这个学校的学费非常高，对当时的我来说也是一个困难。我没有去香港固然有语言方面的原因，同时也有资料方面的问题。香

费正清教授

港大学的中文资料不是很丰富,没有那么多。由于这些原因,我才没有去香港。现在看来,我的这些想法都是错的。我选择留在巴黎,在巴黎大学上了一些课。可是在法国,我们的语言教学都不是很好,不仅是中文,英语也是一样的,语言教学差得很多,所以我也没有学好中文。我留在巴黎以后,费正清教授常常请我去哈佛大学,夏天的时候在那边做三个月的研究。1967年、1968年、1969年这三年,他都请我去了三个月。

这时候,我已经在法国国家科学研究中心工作了。费正清教授从我的一个巴黎老师那里得知我在北京大学学习过,研究的又是清末的历史。费正清的专业也是清末研究。我在北大学习过,所以我的老师非常自豪地告诉费正清,我的学生在北京大学也是研究清末的。费正清当时无法去北京,他非常聪明,一看我的研究与他主办的研究中心关系密切,就决定与我联系。我是1966年11月从北京回来的。大概两个星期以后,我就收到了费正清的一封邀请信。他请我到哈佛大学学习三个月,他可以提供一些帮助。另外,我还获得了一个美国奖学金。1967年夏天在哈佛大学的三个月，我给费正清教授留下了比较好的印象。哈佛大学东亚研究中心的条件非常好，中文图书非常丰富。图书类别的编排也很科学，用起来极为方便，是按照研究题目排列的，很容易就能查到你要用的资料，这些对我写博士论文非常有利。在北京的时候，我也翻阅了一些资料，看到了一部分书，但有很多书我没有办法借出来看。有一些是我从邵循正先生那里借的，可是有些书他也没有。我回到巴黎后，在巴黎的图书馆里也找不到太多相关的资料，但是到了美国后，这些资料哈佛大学都有，而且非常丰富，清末的杂志以及清末的很多资料在哈佛大学里都可以找到。

从这以后，我一直与费正清保持联系。我说过，1967年在美国的这个夏天对我来说是非常重要的，让我与费正清建立了非常好的友谊。他在1967年、1968年、1969年、1972年、1975年多次邀请我夏天到哈佛大学访学。美国的一些年轻学者到巴黎来，我就常常给他们写介绍信去图书馆或档案馆。后来美国的一所大学想请我去访学一年，可是我不想去，因为这所大学所在的地方比较偏僻，虽然图书馆非常好，其他条件也不错，可是我不太感兴趣待上一年。他们请了我三次，我都拒绝了，我也不知道这样做是对还是错。另外，我不想去还有一个原因，那就是我的眼睛特别不好，不能开车。要知道，在美国如果不能开车的话，是特别不方便的，因为学校与住所距离很远。如果你不能开车，特别是在中部，那你只能待在家里。当然，如果你住在图书馆附近的话，你可以走路去，因为骑自行车太危险了。我不想过这样的生活。在那个地方，我也不敢骑自行车，所以我拒绝了。可实际上在费正清请我去哈佛大学的那几年中，我每年都要在美国待上三个月，有很多机会去华盛顿或其他地方查资料，这些也是非常好的机会。

除了美国之外，我还到过其他国家进行学术交流和研究工作，如英国和日本等国。伦敦有一个很好的研究所，主要是研究当代中国的，他们请我去做研究。伦敦也是一个非常好的地方，因为那里有许多英国档案，都是与我的研究内容有关系的。我查阅了大量的档案，也跟英国学者建立了很多联系。因为无法回到中国去做研究，1971年，我就向我们的科学研究中心申请去日本，因为我还需要一些日本方面的资料。我是1968年1月进行博士论文答辩的。但在这之后，我还想继续做我的研究。在日本东京大学的东方研究所里，我跟佐伯有一先生做研究，也认识了不少做中国研究的年轻学者。日本给我留下了很深刻的印象，那时候的日本也很有意思。当时，在一般情况下，日本学者很重视美国，凡事都要向美国看齐。可是，也有一部分人在进行中国研究。中国当时对日本来说并不重要，所以做中国研究的人还是少数，而且这些人都与日本共产党有着比较密切的关系。可以说，他们都是日本人中的左派。

我在去日本之前有点儿害怕，因为听说在日本女人会受到歧视。我以为日本人要歧视我，而我又是法国女人，我的日语也不行，只能讲一点点。我可能会比较孤单，生活也可能是非常困难的。可是，事实并不是我想象的样子。我到日本后很快就发现，日本人对待外国女性并不像传说中的对待日本女性那样，特别是日本学者。由于我去过中国并在中国待了两年，很多日本学者对此非常感兴趣，对我也很友好，同我保持着非常好的关系。不仅这样，我还碰到了非常巧的事情。1966年春天，我在北大做研究生的时候，日本共产党也派了一批年轻学者到中国学习，当时完全是日本共产党和中国共产党之间的合作。这些年轻学者到中国后被分派到不同的大学。在他们中间，有一位狭间直树先生，当时他在京都大学当助教，是一名地位比较高的学者。他在京都大学人文科学研究所工作，来到中国后就被分派到北大历史系。当时，北大历史系让陈庆华先生给留学生讲课，每星期讲一次，但给大家介绍的资料或者书目基本上都是清末的。这名日本学者也听了这门课，但他的中文也不是很好，跟我们的水平差不多，所以他不说话，特别是不跟欧洲来的学生说话。可是有一天他感冒了，而且非常严重，上课的时候我就发现他可能在发烧，下课后我问他是不是病了，并且问他有没有药。他说他有一些药，可是没有效果。我就告诉他，我有阿司匹林，可能比较有效。我把药拿给了他，他吃了之后果然见效，很快病就好了。他非常感谢我，我们也成了很好的朋友。那时候外国人如果生病了，也是麻烦得很，因为没有药，去医院也不是很方便。我记得我在北大的时候，有一次牙痛得很厉害，于是去看牙医，也就是北大校医院的牙科医生。他说唯一的治疗方法就是把牙拔出来。我问他是不是可以把我的牙补一补，因为有一些损坏的地方是可以补好的。这个医生说，不行，一定得拔出来。我说，拔牙会使我很痛的。我希望他能给我治疗一下，或者给我一些药，让我吃了以后可以止痛，这样等我回国后就可以到医院去做处理，不用拔。可是在这个医生看来，如果你的牙有问题就得拔掉。

直到现在，我和狭间直树先生都是很好的朋友。在日本，他是岛田虔次教授的学生，专业是民国思想史，现在是一名非常著名的学者，在京都大学任教。他跟陈庆华先生非常熟悉，我还有一张他跟陈庆华夫人的合照。1971年我去日本的时候在东京待了六个月，也去京都大学见了他，通过他我认识了不少京都大学的学者。

与美国、日本和欧洲其他国家学者的交往对我的研究帮助很大，也是非常重要的。在这方面，我还想说一下我与欧洲汉学会的关系，它对我的学术研究也很有帮助。欧洲汉学会成立于1948年。原来在欧洲,实际上也不只是欧洲,有一个东方学的研究会,它是一个国际性的研究组织。东方是一个很大的概念,这个东方学会所涉及的地域从非洲的摩洛哥一直到东亚的日本。第二次世界大战以后,东方学会的研究范围进一步扩大,学者中有研究日本的,有研究印度的,也有研究中国的。随着研究范围的扩大,只有一个国际东方学研究会就不够了,适应不了研究的发展需要。因此欧洲有一些年轻的学者,对中国比较了解,互相之间也比较熟悉,他们认为,为了加强对中国的研究,应当成立一个欧洲汉学会。他们这些人喜欢中国,对中国共产党取得政权也持比较积极的态度。他们在第二次世界大战以后受欧洲共产主义思想的影响比较深,受苏联的影响当然也很深,这些影响在知识界特别明显。所以,这些年轻的汉学家决定成立一个欧洲汉学会。参加这个汉学会的不仅有西欧各国的学者,也有苏联和东欧国家的学者。这是非常有意思的一个现象,因为在学术界没有东欧、西欧这样的字眼,有一些学术组织是共同的,特别像汉学会这样的组织。从1948年开始,全欧洲的研究中国的学者就不断地开展起学术交流。这是欧洲的第一个汉学会,但是它的活动也受冷战的影响。1956年,苏联出兵匈牙利,镇压那里的改革运动,就有一部分人对苏联的做法表示不满,但欧洲汉学会还继续存在着。

到1968年的时候，苏联出兵侵略捷克斯洛伐克，镇压后者的民主运动，这时汉学会就没法继续活动了。那一年，欧洲汉学会举行会议的地方应该是在捷克斯洛伐克的首都布拉格。因为苏联入侵，这次会议没办法举行。另外，当时捷克的汉学家也都被抓进了监狱，因为他们参与了这次民主运动。这样一来，欧洲汉学会就没有办法继续活动了，因此此后好多年都没有举行全欧规模的会议。直到1974年，有一位在法国研究中国道教的专家，他的中文名字叫施舟人。他实际上是荷兰人，但生活在巴黎。他认为当时的欧洲需要一个新的汉学会，他找我帮忙，我也答应了，因为我觉得办一个欧洲汉学会是有用的，学者们应该进行交流。当时，我们有一些研究课题和研究计划，其中的一个题目是研究中国历代的国家思想和国家制度。所以在1975年，我帮助他在巴黎举办了一次筹备讨论会，邀请西欧主要的汉学中心的教授和一些苏联及东欧国家的汉学家来参加。1976年在巴黎召开了成立大会，欧洲各国共一百五十多名学者参加，在这次会议上，宣告成立新的欧洲汉学会。我跟这个新的汉学会的关系非常密切，不仅参加它举行的会议，而且也参加了它的一些研究项目。从1992年到1996年，我担任了欧洲汉学会的会长，也使欧洲汉学会第一次有了女会长。通过这个汉学会，我跟欧洲各国的汉学家建立起了非常密切的关系。

除了与中国、西欧、北美、日本的学界联系都很密切之外，我与苏联及现在的俄罗斯学界也有一定的联系。过去的苏联和现在的俄罗斯都是很大的国家，横跨欧亚大陆，但实际上是欧洲国家，欧洲汉学会也都有它们的学者。我记得很清楚，1965年夏天，我从北京飞往巴黎，途经莫斯科。这是我第一次到苏联。那架飞机是苏联的，先停在伊尔库茨克。伊尔库茨克的机场非常小，并不是现代化的机场，我记得有几个妇女带着孩子就坐在地上。但是，我的感觉就是在欧洲，原因之一是人们都不关注我。在中国，我走到哪儿人们都看着我。到了莫斯科，我有一次到博物馆参观，管理人员以为我是苏联人，竟然训斥我，说我什么都不明白。

1964年到1965年间，我在北京的时候，外国人并不多，来自西方国家的人就更少了。当时的外国人主要是来自苏联及东欧国家，还有一些是东南亚国家的。他们多半是驻华使馆的工作人员。他们没有太多的工作，所以经常到处游玩，一到周末就去八达岭长城、十三陵等地参观。所有的外交官都喜欢邀请法国学生，因为法国学生比较活泼。我也经常参加这类活动，与苏联大使馆、波兰大使馆的年轻外交官都很熟悉。我们常常在一起玩。当时，在北京的外国人就没有东欧、西欧的区别，都是欧洲人。后来，法国大使告诉我，1967年苏联大使不得不离开中国了，因为"文化大革命"开始的时候，中国民众的反苏情绪很高，甚至攻击了苏联大使馆。苏联大使只好离开中国，只有一个代办留在使馆。苏联大使离开北京的时候，法国大使到机场去送他。苏联大使对他说，谢谢你保护西方基督教文化的利益。这表示那时候苏联人还有西方文化的认同感。我也有这种感觉，特别是"文化大革命"的时候，我觉得我们都是欧洲人。我小的时候看俄国小说，把它们当作我们文化的一部分。俄国跟法国、跟西欧的交流非常多，对我来说，苏联、俄罗斯就是欧洲的一部分。当然，也有一部分法国人认为它们不属于欧洲，但多数法国人认为它们就是欧洲的一部分。美国人大都认为俄罗斯不属于欧洲，俄罗斯人本身则认为他们既不属于亚洲也不属于欧洲。

我还想补充一点我与中国学术界的交流。我记得刚刚到北大的时候，黄一然副校长请我吃晚饭。按中国的习惯，在晚饭开始的时候，黄一然副校长要说几句欢迎我的话。他说，你是沟通中法文化交流的桥梁。我当时说，我肯定不是一座桥梁，因为我还说不出几句中国话呢，但是我希望，如果能成为这座桥梁里面的一块小石头，我就非常高兴了。我 1964 年第一次来中国，1971 年再一次来中国，改革开放以后，我更是中国的常客了。中国对我来说真的很重要。从我 1964 年踏上中国的国土，就交了许多非常好的中国朋友。不久，中国就开始了"文化大革命"。那时候,中国人不能跟外国人讲话,外国人也不敢跟中国人说话,因为政治监督是很厉害的。即便是夫妇,夫人应该对丈夫说什么,丈夫应该对夫人说什么,都得考虑,防止出麻烦。为了避免这样的情况,夫妇之间很多事情也是不能说的。我有一个中国朋友,他的父亲是高级干部。他告诉我,周恩来和邓颖超1937年以后就没有说过亲密的话。这是周恩来总理亲口讲的。为什么呢?就因为担心有人问邓颖超周恩来说了什么,如果知道,她就应该说出来。或者问周恩来邓颖超说了什么,如果知道,他也得说出来。所以,夫妻间最好是无对话,不说亲密的话。我想这是一个可怕的情况,在1964年到1966年就有这样的情况。

可是,人的心理在哪里都是一样的,有时候你需要说出来,你把话说出来了,内心就放松了。要说出来,就得有人听。这个人一定得是你可以信任的人,他不会到处说你讲了什么。有一些中国朋友就把很多事情告诉了我。1971年的时候他们不敢说,但1978年我再次来到中国的时候,他们就对我说了很多。1978年3月,我来到中国,那时候中国的形势还不太明朗,因为邓小平还没有出来工作。5月,我在北大的时候,《人民日报》发表了社论,提出了实事求是的思想路线。当时,我对不少中国朋友说,这个社论是非常重要的。他们虽然不知道中国能不能稳定下来,可还是对我说了很多事情。

到了80年代末，我看到了这些中国朋友进一步的思想变化，他们的家庭理念也与过去大不一样了。我觉得非常有意思的是他们对孩子的关注，他们都想把孩子送到外国去读书，并希望孩子留在外国。可是1964年的时候，没有一个人想到要把孩子送到外国。这是我从我的中国朋友身上看到的非常有意思的变化。另外，我还了解到很多年轻人的想法，因为我教过很多中国学生。他们到法国来找我帮助，我跟他们都进行过深入的交谈，非常了解他们的观点和兴趣。

1978年以后，我与中国学术界的交往就多了起来。我跟中国社会科学院的关系比较密切，特别是近代史所。此外，我同世界文学研究所、社会学研究所、当代中国研究所，还有经济学研究所也都有来往。我还同北京、天津、保定、上海、武汉、广州、成都、重庆、昆明、南京、福州、南宁等地的研究机构和大学有着不少的联系。南宁等地的中国学者对中法战争的档案很感兴趣，我帮他们收集了许多档案，他们把这些档案文献翻译成中文，并编成了一套丛书。

第六章　研究中国清末民初的历史

我的博士论文的内容是关于张謇的教育思想和事业的，实际上是研究教育与政治的关系，也就是教育制度对国家制度有什么作用，会产生什么影响等。从时间上看，这是清末到民国初年的事情。后来，我的兴趣转到国家制度与中国近代国家改革的问题上面。这属于政治思想、政治运动方面的研究。我原来的兴趣就是中国的政治史。我觉得，一个很有意思的问题是，中国那么大、人口那么多，究竟是什么因素将它们聚合在一起，变成了一个国家？这个国家的演变是怎样的？它的弱点和强点在哪里？这些强点和弱点是不是一直都是如此？国家中的各民族之间的关系是怎样的？中国人对这个国家的认同意识是什么？中国与欧洲的发展有没有同样的因素?所有的这些问题都与管理,也就是与"治"有关。

怎么"治"是一个管理的问题,实际上也就是领导和下层的关系问题。中国近代史上的民主观念是从欧洲传来的,与中国的民本思想有相似的地方,但实际上是不一样的观念。中国有一个管理的问题,当人口扩大的时候,管理问题就变得越来越复杂。那么,中国是不是找到了一些比较好的管理办法呢?尽管这种管理一直存在着腐败等问题,但基层社会有一些传统管理组织还是不错的。这些传统组织里面不一定有当权派和非当权派,有时候就是一种伦理关系。

对此,我可以举个例子。比如说,在寺庙里搞一些宗教方面的活动。在中国,有的农村会有一个甚至几个庙,当然,也有的是几个农村共有一个庙。在中国的农历节日里,寺庙常有一些宗教活动。这样的宗教活动是由固定组织来主持的,这样的组织通常也是长期存在的。它们将这些宗教活动办得很不错,也没有什么腐败的现象,而且主办这样的活动,不管贫富,各家轮流参加。这样的制度是怎样出现的呢?如何能够继续下去?这样的问题也是很有意思的。中国有一些文人已经考虑过这个问题,我对这些政治问题也比较感兴趣。它们涉及文化与政治的关系,也涉及社会组织。我想考察中国这种近代思想的演变过程。

另外,我在研究中也涉及民国时期的中法关系。我是法国人，也常常有研究中法关系这样的需要。但是，我比较重视的是中法两国文化方面的关系，特别是中国文化对法国文化界、知识界有什么样的影响，以及法国的知识界是怎样了解中国的。同样，我也对法国文化、文学、思想、历史对中国知识界有什么样的影响，中国知识界又是怎样接受以及通过什么渠道来接受法国传来的这些东西等问题感兴趣。当时的中法关系中有一个比较重要的部分就是天主教，也就是天主教在中国的影响。我不是天主教徒，对天主教的看法相对比较客观。我研究了许多这方面的档案，因为在法国我可以看法国的档案。但中国学者看法国的档案有很大的困难。首先，许多档案都是传教士手写的草书，中国学者很难看懂。其次，看法国的这些档案需要了解法国的制度、历史等。最后，这些档案中有很多专门的词汇，这对中国学者来说也是很难的。所以我就想，我可以先看法国的这些档案，然后把它们介绍给中国学者，这样中国学者就可以利用它们进行学术研究了。我在这方面做了不少工作。在查找法国关于天主教方面档案的同时，我也查找中国方面的相关资料，然后进行对比。我发现，法国的一些档案资料里面有的东西，比如说，当时法国外交官或者传教士在中国收集到的一些原始资料，后来在中国都已经没有了。我可以把它们介绍给中国学者。

我对中国早年留法的学生也做了不少研究。这个问题是很有意思的,因为中国留法学生里面有比较重要的人物。当然,中国学者特别重视留法勤工俭学运动,在这个运动里面他们特别重视共产党人。可实际上留法勤工俭学运动中大部分的人不是共产党人,也不了解共产主义、社会主义,所以研究勤工俭学运动也要考虑这些人。他们对中国现代文化发展的贡献也不小。另外,还有一个很有意思的现象。那就是中国学者在研究中特别强调中国的留美学生,这些留美学生中的许多人都成了民国时代的领导人物。留法学生则不同,他们中的一些人在新中国成立后成了新政权的领导人物,但在他们做领导的时候却不大重视与法国的关系。根据我的研究,他们虽然在法国留过学,但受法国的影响其实并不大。我为什么这么说呢?因为他们在法国的时候主要不是学习,而是搞政治活动,这些都是中国共产党的留法学生,也是勤工俭学的学生。这些人是留法学生中的少数,大部分还是学习的,但后来没有参加什么政治运动。这部分人后来都成了默默无闻的人,我想强调的是,这些人虽然不出名,但在中法文化交流中的作用却是比较重要的。

他们的作用主要体现在文学方面和教育方面,因为他们主要是在大学里工作。当然,他们中也有人从事经济方面的工作,还有人从事法律方面的工作,其中一些人当了律师,对于在中国传播法律思想起了很大的作用。在这些方面,也有许多值得研究的地方。我在这方面做过一些研究,直到现在,还有很多人邀请我写有关这些题目的文章,邀请我参加相关的学术会议并提交论文。不过,现在我的眼睛特别不好,查找档案时不太方便。尤其是那些微缩胶片档案,我根本看不见。每天我最多只能做五小时的研究工作,然后什么都不能干,特别是不能继续看东西了。不像过去,那时我可以一连好几天看档案资料,而且也看得比较快,现在不是这样子了。

我研究的重点还是清末民初这一段的历史,也就是从鸦片战争到民国初期,具体来说是那时候的中国政治制度、士大夫思想的改变等。对于这些问题,我提出了一些自己的看法。比如我认为,中国现代化不是在五四运动以后才开始的,而是更早的一些时候就开始了,也可以说在乾隆去世以后就开始了。为什么这么讲呢?

乾隆时期,中国的疆域面积达到了中国历史上最大的程度,汉代、明代的时候都没有那么大。与此相对应,新的问题也就出现了。传统的管理方法和传统的知识都不可能完全应对这些新的问题。由于人口的增加,原来的人类生活、生产方式已经不能养活那么多人了,所以,应该采用另外一些生产方法。19世纪初,中国的自然灾害很多,黄河好几次大决堤,冲毁了大量的土地。太平天国的起义也反映了很多社会问题。所有这些都表明，传统的方法不能解决新的问题，必须要有所改变和改革。实际上，中国的现代化从乾隆去世后就开始了。可是，这个现代化的过程是很慢的一个过程。太平天国、苗族起义、回民起义等运动都有很大的破坏性。太平天国以后，长江流域的农业受到了极大的破坏，恢复起来非常困难。实际上，这也需要新的办法。可是，创造这些新的生产方式，改变农民的经营习惯是一个很漫长的过程。

我主要研究的是鸦片战争以后，但也涉及嘉庆时期、道光时期的中国。现在中国也有不少学者研究有关问题，而且不再用一些理论条条来约束自己，也不再根据阶级斗争的观点来评价人民起义，笼统地说就是很好。其实不一定，起义也给人民带来了很大的灾难。当然，人民之所以起义，是因为他们受不了统治阶级的剥削和压迫。所以有了这样的现象，当时的文人士大夫想找到一些新的应对办法，而这需要一个过程。其中一些想法 19 世纪的士大夫们就已经有了，不一定是西方国家带来的。当然，中国的士大夫利用了西方国家所利用过的办法和思想，可是他们也想到了一些自己的办法，而这些办法常常是比较符合本地的情况的，比从西方引进的方法更有效。这些士大夫想到的方法，原则和道理实际上跟西方是一样的，可他们的试验更符合本国国情。

所以，过去全部否定所谓封建统治阶级的作用是不对的，应该承认和研究这些作用。比如说，洋务运动因甲午战争而失败这种说法，我认为是完全不对的。中国失败了，主要是因为它的军队作战力量不强，也没有准备好。中国当时的武装力量中有比较好的舰船，有一个现代的船队，但也需要后方的支援，而这样的后方支援中国却完全没有。日本人就不一样，他们做了战争的准备。中国那时候是糊里糊涂的，很快建立起规模很大的舰队，可是没有后方。比如说，没有修理这些舰船的地方，海军也缺乏训练。甲午战争时期，虽然表现出一些个人的牺牲精神，但总体上说，中国军队的表现是很糟糕的。甲午战争以前，有不少士大夫想到了这些问题，可是也有士大夫反对，他们说我们古代以来没有做过的事，没有利用的方法，不应该做，也不应该利用。我认为，中国的知识阶层也应负很大的责任。

我研究了不少清末的士大夫，张謇是一位非常值得研究的人物，翁同龢也是一个非常值得研究的人物。翁同龢原来是非常保守的，是一个传统的文人。可是，他慢慢地改变了自己的观点。19世纪，中国有一个洋务派，代表人物有曾国藩、左宗棠、沈葆桢等人。翁同龢原来不是，可受了洋务派的影响，慢慢地也觉得中国要进行变革。可是，翁同龢的意志不坚定。他是光绪皇帝的老师，教给光绪皇帝很多东西，教得很好。因为缺乏坚定的意志，他没有帮助光绪皇帝达成自己的意愿。光绪皇帝不了解官僚大臣们的状况，没有认识到不能完全依靠康有为这样没有具体管理经验的人，而应该依靠大臣里面的像张之洞、李鸿章这样的人。张之洞和李鸿章有个人矛盾，但也有很多共同点，都是洋务派。可是，光绪皇帝没有动员他们，这些人很拥护戊戌变法，但皇帝没有用他们。可能是翁同龢在这方面没有教好他。光绪皇帝是一个聪明的人，但他的办事作风有些是不好的，很容易激动。我想，他可以利用大官僚来控制慈禧太后。慈禧太后是非常厉害的人，也有很多中国人认为她非常好，比如抵抗了外国入侵者等。慈禧太后的权力其实是汉族大官僚给她的，他们拥护她，所以光绪皇帝夺权的时候，首先应该把汉族官僚拉到自己这边，应该任用这些大臣。只有这样，他才能控制慈禧。翁同龢是一个信奉传统礼教的人，没有培养好光绪做皇帝。当然，在历史上，守旧派的势力十分强大，可有时候个人的作用也是很重要的。要看处于统治地位的人物是谁，这会导致下面有些事情可以发生，有些事情不能发生。

我对清末历史的研究主要是在政治、社会演变等方面。社会演变不只是由经济力量推动的，也会受到思想力量的影响。人们如何想象他们的社会关系对此也有影响。

在中国近代史中，我还有一个研究重点，那就是辛亥革命。有不少中国学者说发生辛亥革命挺遗憾的，如果能够继续清末的新政就好了，可以避免后面很多的武力革命，中国也会有比较和平的发展过程。可问题是当时清朝的统治者是不行的，没有一个强有力的皇帝，溥仪还是个孩子，摄政王不是皇帝，而且也不是很聪明，完全没有治国理政的办法。所以革命是必然要发生的，只是革命者也没有想到能取得胜利。辛亥革命对中国社会的发展有什么意义呢？又有什么作用呢？推翻了皇帝，其实共和也没有建立起来。我想辛亥革命对中国社会发展的影响并不是很大，最大的影响是辛亥革命前废除了科举制。废科举的社会影响很大，但这是一个很漫长的过程。辛亥革命本身有一个影响是比较难评价的。那就是在此之前，不管皇帝是小孩还是女人或是其他什么人，大家都要服从他，哪怕是服从得不太好，但还是要服从。辛亥革命以后，大家都不听皇帝的了。皇帝对中国人是非常重要的，在孙中山和袁世凯统治时都出现了相同的情况，因为命令不是由皇帝发出的，所以大家就不服从。权威的观念不存在了，这对中国社会后来的影响是很大的。推翻清朝后，中国的最高权威就不存在了。要恢复这个最高权威，是一个很艰难的过程。袁世凯认为只要当上了皇帝就可以恢复这个权威，可实际上并不是那么容易的。他为什么想当皇帝，就是为了恢复权威。蒋介石想尽办法把自己的权力放到最高的位置，想让大家都服从他，但也没有做到。最后只有毛泽东做到了，这是很不容易的。

那么，我怎么评价辛亥革命呢？统治者的合法性是大家都认同的，改变它是不太容易的。辛亥革命的时候，不是老百姓推翻了皇帝，而是很偶然地由一部分人推翻了，但这部分人也没有去故宫杀皇帝。这与嘉庆时期的一些暴乱分子冲进故宫是不一样的，如果他们杀了皇帝，就可以坐上皇帝的宝座。辛亥革命中没有人到故宫里杀皇帝，也没有把他从故宫里赶出去。实际上，辛亥革命是在武汉发生的，而且也是偶然的。这些革命者跟皇帝的退位没关系，皇帝的退位也不是这些革命者逼迫的。所以，中国的辛亥革命和法国大革命、俄国十月革命是完全不一样的。我个人认为皇帝也是有一定用处的。英国就有国王，可是法国没有国王，但这是法国的问题。实际上，法国的政治那么乱，就是因为没有国王。法国人在潜意识里还是希望有国王，希望我们的总统能像国王一样。戴高乐做得最好，蓬皮杜做得也不错，其他总统就都不知道怎么当国王了。当国王不是一件容易的事，他并不执政，而是另有使命。法国的政治困难就是因为没有国王，但又没办法恢复国王制。国王是很有用的，现在欧洲很多国家都有国王。

我还做过有关北京大学创立的研究，那也很有意思。我写过题为《京师大学堂的科学教育》的学术论文。京师大学堂是非常有意思的,这篇文章也被译成了中文,2000年收在王晓秋教授主编的《戊戌变法与近代中国的改革》一书中。戊戌变法时的士大夫认为,救国之本在于彻底改学,也就是说,彻底改变学问的系统和培养人才的方法。1898年创办的京师大学堂就是这种思想的产物。京师大学堂对发展中国现代科学的重要作用,并不在于它在1898年至1911年间培养了多少科学家,科学专业的学生总共不到200人。大学堂之所以重要,首先是因为在几门基础学科中,有步骤地陆续建立起扎实的正规化科学教学。大学堂实施的科学教学具有两个值得重视的特点:第一,科学并不与西学相等同。科学被当作同属中学和西学、本身不能分割的一门学问。京师大学堂科学教学的第二个特点,就是实行专业分科,而在每一科的内部,又实行基础知识与应用技术的结合。京师大学堂的成功还在于它确定了两条基本原则:第一条原则是,科学不分民族,不具民族特征,科学放之四海而皆准。第二条原则是,科学知识不分基础科学和应用科学。科学确实可分为多种门类,每门科学在大学中各有一席之地,并且又有众多的应用技术。但是,科学知识和应用技术却不可分开,必须紧密结合在同一门大学课程当中。

　　许多中国朋友问我,怎样做才能成为一个比较好的、能够在学业上有很大成就的历史学家?实际上,我研究中国近代史也有很多不足之处。首先，我在语言方面的基础不够扎实。我来中国学中文的时候正是"文化大革命"开始的那一年。那时候，北大没有人教我学汉语。许多中国老师也害怕与外国人打交道，所以那时候我跟中国人的交往非常有限。这对我来说是一件很遗憾的事，所以我的中文水平并不太高。后来，我又犯了一个错误。我应该去香港学习中文，可我没去。30岁时我去了日本，因为要研究中国历史也需要学习日语。从这个角度说，日本也是非常重要的，因为日本学者关于中国的研究是很细致的，我应该加以利用。学会了日语，我就可以利用那些很有价值的日本资料。当然，我还应该学英语、俄语。俄语也很重要，因为俄国的汉学家对中国的看法也是非常有意思的，他们研究的很多东西都是非常好的。研究近代中国最麻烦的事情就是语言，特别是清末的文言是不好懂的。我看现在有很多讨论中国历史的著作，作者不是历史系毕业的，也没有看过什么历史文献、档案资料，这对研究历史来说是不可取的。

我发现外国学生当中很多人不愿意研究中国近代史，因为文献资料不好懂，需要有很强的语言功底，也没有多少人可以帮助他们看这些资料。为了以后能去中国查资料，一些基本的知识自己应该掌握。研究中国近代史，我想很重要的一点是去查档案资料，比如，到北京的第一历史档案馆去查资料。只有这样，才能较深、较好地掌握中国近代史。在北大历史系学习的时候，我觉得陈庆华先生就是一个非常好的例子。他小时候受过传统教育，可以背诵四书五经，受过私塾教育的人现在不多了。最近，我同复旦大学的一位教授以及他的夫人讨论这个问题，他们差不多都五十来岁。我问他们古文是从哪里学的，是不是在家里父母教的，他们说不是，都是自学的。这位教授原来在北大读书，1978年上的是北大法律系。我问，你的中国古代史知识是从哪儿学的，他说，有关中国古代史的知识大部分都是自学的。他夫人的专业是中国古典文学，历史知识也是她自己学的。她说，自学起来有不少困难。我的一位法国同事去年去世了，他是中国古典文学方面的专家，是一位真正的汉学家，学术水平很高。他说，研究中国古典文学应该掌握很多的资料。譬如中国的诗词里面经常借用其他人写的名句，中国人一看可能就知道是从哪里来的，但是外国人就得一个一个地学。在我们的文学里面，也会利用很多古希腊、古罗马的东西，如果你是一个具备一定文化素养的人，你可能会知道某个名字在中学就学过了，不用再写一个注释，你就能知道。我发现当时中国年轻人的情况跟外国人差不多，因为他们小时候也没有学过。中国还是应该做很大的努力来恢复过去的传统知识，努力培养这方面的人才的。

我在中国近代史的研究上也没有能够完全做到这

些，我做的是不够的。虽然我在1964年之前就对中国历史有了极其浓厚的兴趣，但主要还是在来中国以后才开始一步一步学习的。虽然已经过了半个世纪，但我还是觉得自己的进步不大。好像很多人都说过这样的一句话，你问他知道什么，他说我就知道我还有很多不知道的。正是因为知道得多了，所以才知道有很多东西是自己不知道的。不过，我的确有很多东西不知道。比如，我有一个很好的朋友，他原来在中国人民大学清史所工作，后来去了美国。他在哈佛大学很多年，他的专业能力最强的地方是挖掘私人档案。他梳理了很多这方面的档案，也发表了很多学术文章。上海华东师范大学的一位教授也在做这方面的工作。他们整理了很多以前不为人知的资料，都是私人收藏的。这些资料是非常有意思的，国家档案馆里面都是官方式样的，因为你给政府写信，很多东西你不一定要说。可是，你给朋友写信，很多内幕你可能是会说的，所以他们整理出的这些新资料是非常宝贵的。对于这些资料，我知道得不多。

第七章　对中法关系史的一些看法

2014年是中法两国建交五十周年。五十年前，法国顶住美国的压力，在西方大国中第一个同中国建立了大使级的外交关系。在此之后，两国关系虽有曲折，但总体上说是不断发展的。在近代史中，中法之间也有过不愉快的经历。我想从法国学者的角度谈谈对中法关系史的一些看法。

我不能说看了所有的档案，但看的数量相当多。我觉得很奇怪，法国军队为什么要到中国来打仗呢？打仗是非常辛苦的，而且在中国又无利可图，经济利益实际上也不存在，因为那时候中国很穷。如果是这样的话，法国军队为什么要到中国来呢？我认为，派法国军队到中国，是法国第三共和国中一些政治人物的决定。我在法国学习历史的时候，老师讲法国历史有一个传统，就是它的民族和国家是从罗马帝国分化出来的。不管是在我学历史的时候，还是在我的女儿学历史的时候，老师都是这样讲的。罗马帝国是好的，因为它是一个有文化、有文明的帝国。罗马军队来到法国的时候，当地人还是野蛮人，没有文字，生产方式很落后。他们的手工业也不发达，做不出好的武器。罗马帝国的武器是非常好的。在农业技术方面，当地人也不如罗马人。所以，罗马帝国到法国来，不是要建立殖民地，而是提高了当地人的文化水平，发展了当地的经济。实际上，在罗马帝国时代，法国还是不存在的。在此之后，法国就变得非常富裕，人们的文化水平也开始提高，建立了很多大学，出现了很多学者。这些学者很多都是半本地人、半罗马人，因为他们互相通婚。所以从思想文化上说，罗马帝国来到法国是好事，殖民也是一个好词。它提高了当地人的生活水平，也带来了和平。罗马帝国以前，法国这个地方冲突和战争不断。罗马帝国来了以后，很快这里就变得和平，经济富裕，社会稳定，交通也更加方便。罗马帝国建造了很多街道，发展海上贸易。如果你住在当时的法国，你可以去西班牙，去非洲，去亚洲，非常方便。

法国人认为建立一个帝国是一件好事。当时法国是一个共和国，但没关系，一个共和国可以扩张成为一个帝国。它可以占领一些地方，然后把这些地方发展起来。所以，法国第三共和国的殖民主义政策在很多方面就是以罗马帝国为基础的。我看了那时候的档案文件，法国的当权者经常说法国是新罗马，认为法国文明比英国文明好，也比德国文明好，认为法国文明是有道理的，有理性的，也是重视民生的。所以，法国是新罗马，到海外建立殖民地是好事。思想理念是非常重要的，尤其是在国际关系中。那时候英国也抱有同样的思想理念，英国人也认为自己是罗马人的继承者，要把最高的文化、文明扩展到其他地方。这种扩张当然包括商业发展的考虑，因为对他们而言，商业是文化的一部分，但是纯粹经济上的考虑并不重要。

但是，法国和英国毕竟发动了侵略中国的战争。第一次鸦片战争时法国没有打仗，只派了一个大使跟中国进行和平的沟通。他对中国政府说，法国可以帮助中国限制英国，所以法国没有打仗，也不想打仗。法国没有参加第一次鸦片战争，但参加了第二次。第二次鸦片战争是比较复杂的问题。当时，法国拿破仑三世的对外政策是跟英国站在一起的。因为法英之间一直是有矛盾的，拿破仑三世认为，法国与英国应当有比较和平的关系，不然的话，到处都要打仗，那是不行的。第二次鸦片战争是英国要打，法国不想让英国单独去，否则英国会占领所有的地方，所以法国也去了。实际上，拿破仑三世并不是要垄断贸易，只是要争取一部分贸易权，所以拿破仑三世派了军队。他打仗完全不是为了保护什么传播基督教的传教士，那是借口，只是为了得到国内舆论的支持。当时法国的舆论对远东的贸易并不感兴趣。法国跟中国的贸易一直是法国买中国的丝绸，法国进口得多，而出口什么都没有，一直是这样的。而其他的国家是出口多，进口少。

所以，如果法国政府说是因为贸易问题而参加第二次鸦片战争，一般的法国人是不会拥护的。法国那时候的贸易重点在南美洲、地中海，对远东不感兴趣。法国政府常常想方设法说服商人到远东去，可他们不愿意去。所以，出兵中国完全是法国政府的政策，它想要扩张法国经济，需要去中国做贸易，也不希望英国人独占中国。第二次鸦片战争之后，法国军队很快就退到印度支那去了。法国已经占领了越南南部，拿破仑三世的计划是巩固越南南部的贸易，然后打开中国的大门。保卫传教士完全是借口，因为决定参加这场战争的时候，他还不知道有个传教士被杀，后来知道有一个传教士在广西被杀，他才利用了这个借口。

中国近代史中有很多悲惨的事情，比如英法联军烧了圆明园。中国人很熟悉法国作家雨果在一封信中说的一段话："有一天，两个强盗闯进了圆明园。一个强盗大肆掠劫，另一个强盗纵火焚烧……在历史面前，这两个强盗一个叫法国,另一个叫英国。"的确,烧圆明园是英法联军在第二次鸦片战争中干的,实际上英国干得更多。根据当时当地的人说,从圆明园拿东西的有许多人,有一部分被法国人拿走了,有一部分被英国人拿走了,还有一部分被中国人自己拿走了。很多中国普通的老百姓都去颐和园拿东西。法国的普通士兵拿走了圆明园的不少东西,但在回国上船的时候有限制。他们从北京到天津需要坐船或者走路,带大的物件不方便,所以离开北京以前,法国士兵就将很多东西卖给了中国商人。法国士兵拿的东西不一定是圆明园里有价值的东西,大部分都是新的明晃晃的东西。古老的东西、中国真正的艺术品并不在圆明园,都放在故宫里面,但法国士兵1860年从故宫里没拿什么东西,抢夺的都是圆明园里乾隆时期的物品,很多东西外面是金子的,但实际上不是纯的。他们离开北京的时候,每个人只可以带20公斤行李,所以他们把抢来的东西都卖掉了,得到了一些钱。那时候没有其他的外国人买,只有中国商人来买,价格也很便宜。我看到过一些士兵写的日记和给家人的信,信中说,他在圆明园里拿了一些非常好的东西,可是太重、太大,没有办法带回去,只好在北京卖掉。可是中国商人出的价格很便宜,他也没有得到那么多钱。后来,中国商人随手将这些东西卖给了各种顾客,而顾客中的外国旅游者和驻华外国人有很多,所以有不少圆明园的文物还是流失到了外国。有一部分东西是英法联军的军官拿走的，这些东西当时都运到了伦敦和巴黎。这些军官拿走的东西，有一部分是送给拿破仑三世的，如今都在卢浮宫和其他博物馆里。还有一些东西被军官们搬到自己家里了，一般的士兵所拿的东西大部分没有带到法国。

无论如何，英国、法国军队在中国抢东西是没有道理的，就是一种侵略和强盗行为。这话是有道理的。法国士兵抢劫了东西，虽然当时所谓的战争法是允许的，但也是没有道理的。那些被当作礼物送给拿破仑三世的东西都放在了宫殿里面，现在宫殿变成了博物馆。一百多年来，各国的人们都能看到，了解和吸收中国艺术，对西方文化的更新也起了作用。那些东西并不是特别珍贵，因为是乾隆时期的东西。中国的朋友认为，不管是哪个朝代，法国人都没有理由抢掠，都应该还给中国。实际上，如果索要这些东西的话，法国政府可能很愿意归还给中国。这些东西的确不太好看，没有太高的艺术价值，只是一些奇特、有趣的东西。我常说它们只是百货大楼里的东西，因为是金银才有一定的价值。它们不是唐代的画，不是宋代的画，你现在去北京的百货大楼，也可以看到和它们一样的东西。

我是研究中国近代史的学者，再谈一点我对1900年八国联军抢劫北京这件事的看法。

第七章 对中法关系史的一些看法

八国联军在北京的确抢了更多的东西，因为外国军队的人数比第二次鸦片战争时多得多。有一部分东西是在故宫抢的，可是那时候最好的东西是在仓库里面的，八国联军的士兵没有去仓库。他们抢了皇帝和慈禧住的地方的一部分东西，但是很快军队司令部就进行了限制。八国联军的士兵抢走了一些比较好的东西，比如一些比较好的瓷器，但没有拿绘画。八国联军在北京的时候，不但抢了故宫，也抢了很多王府和士大夫的家。北京的居民很多人都逃跑了，他们没逃跑的时候，士兵也有进去抢东西的。当时整整抢了三天。当时的士兵日记记载，他们抢了很多东西。像第二次鸦片战争一样，有不少东西太大，也太多，士兵回国上船的时候有重量限制。他们把一部分东西在北京卖掉了，也是北京的商人买的，许多东西就流落到了琉璃厂。北京那时候有不少古玩商店，这些被抢来的东西就出现在古玩店铺里面，然后再慢慢地卖给别人。20世纪20年代，外国人在北京古玩店铺买的一些古董就是八国联军抢的。当然，也有很多东西被中国的文人买去了。我看了清末、辛亥革命以前中国文人的日记，他们常常去琉璃厂，说找到了什么东西，这些东西原来是谁的东西，他们花了多少钱买的。所以，这些被八国联军抢的古玩，那些宝贵的、值钱的艺术品，去向比较复杂，一部分到了欧洲，一部分到了日本，还有一部分到了中国的别的地方。

在这里，我还想回答您问过的一个问题。您说，在中国大学开设的一些课程，比如说一些政治课、世界史、国际共产主义运动史等，在讲到19世纪的法国时特别强调1834年里昂工人起义和1871年巴黎公社革命。这些事件在法国的历史上影响到底有多大？

事实上，这两个事件不仅有影响，而且影响还很大。在很长一段时间里，法国的熟练工人的工作环境和居住条件很不好，还有童工和女工。工人工作的时间很长，有时老板看他们太累了，可能让他们休息一下，但并不一定。工人的工资按商业、市场上下浮沉不定。工人与老板之间也没有法律关系，而是民间关系，政府也管不了。所以，里昂的纺织工人受不了了，就在1834年举行了罢工，由于军队的镇压死了几百人。这次罢工之后，舆论非常震动。法国的人文及政治学院1835年安排了两名院士在法国各地去调查工人工作、生活、居住、卫生、教育的情况。他们发表于1840年的报告非常具体和详细，对欧洲各派社会主义思想及社会改良的措施起到了很大作用。法国政府也感觉到应该有法律保障工人的权利，1841年国会通过了儿童劳动法，禁止九岁以下的儿童在工厂劳动，并限制儿童的劳动时间。以这次罢工为开端，法国慢慢地建立起了社会保障的法律，开始是限制儿童和妇女的劳动时间，强化每周休息一天的规定，然后承认工人的罢工权、组织权，建立工会，规定工人每天劳动不超过十小时，并在后来逐步减少。这个社会保障方面的法律同时被欧洲其他国家所接受，后来美国也接受了。关于1871年巴黎公社在法国历史上的影响这个问题可以谈很长时间。几年前英国史学家罗伯特·图姆斯（Robert Tombs）全面研究并证明了镇压巴黎公社大概死了七千人，大屠杀是一个由革命分子和反革命分子伪造的神话。另外，公社这一事件本身对法国社会政治演变所起的影响其实不大。我认为他的思考是对的。但是，巴黎公社的神话对很多法国人的意识，对他们的政治情绪和态度起了长期的和复杂的影响。

第八章 巴黎高等师范学校的副校长

除了进行中国近代史方面的科学研究之外，从1988年到1993年，我做过五年巴黎高等师范学校的副校长。本来我一直在国家科学研究中心从事中国近代史的研究工作，是什么原因使我当上了巴黎高师的副校长呢？

前面我告诉过您，以前法国的许多学校都是男女分开的，有男子学校，也有女子学校。1968年五月风暴以后，许多学校，如中学、小学的男校和女校都合并了，也就是说不分男女了，但是巴黎高等师范学校还分男校和女校。1981年，法国社会党人密特朗当选为总统，法国出现了一个社会党人的政府。密特朗领导的这个社会党人政府要废除男女分别，决定把巴黎的男师范学校和女师范学校合并成一所学校。可是，这不是一件容易的

第八章 巴黎高等师范学校的副校长

事情,因为它们的传统是不一样的,有很多地方都是不一样的。因此,两所师范学校事先公布了合并的告示,把两所学校的管理制度合在一起。合并后的巴黎高等师范学校的正副校长由原来的两校各出一名。经过一番运作,新校长来自原来的男校,是自然科学方面的数学家。

巴黎高等师范学校的标志

这样一来,由于校长是搞自然科学研究的,又是男的,所以副校长就应该是女的,而且最好是从事人文社会科学方面研究的。

本来我那时候完全不可能当上这个副校长的,因为我离开女子高等师范学校以后就跟学校没有什么关系了。但是,我的丈夫是男子高等师范学校的毕业生,跟他的同学联系比较多,而我跟我的同学就没有什么联系。巴黎高等师范学校是法国比较有名的学府,所以有很多以前的学生非常关心它的发展。政府里面有很多男子高等师范学校的毕业生,非常关心自己的母校。他们认为,巴黎高等师范学校有一名合格的女性副校长是非常重要的,因为这所学校是生产法国精英的工厂。这些在政府里工作的校友就帮助寻找女性副校长的合适人选。那怎么找到我了呢？当时在女师范学校的毕业生之中，在大学教书的人不多。多数人都在中学教书，所以当副校长是不够资格的。当副校长应该是具有在大学担任教授水平的人，研究水平也得比较高。另外，这个人还不能太年轻，但也不能太老，应该是45岁到50岁之间。新校长已经60岁了，所以副校长不应该太年轻但也不能太老。她不能是"极左"或是"极右"派分子，她必须有良好的道德，性格也应该比较温和有礼，而且不能是一个太浪漫的人。第一次选女性副校长，这些条件都是非常重要的。

于是，校方就去问我以前的两个同学，她们是完全有资格当副校长的，但是她们不愿意做。一个同学觉得当副校长要花费很多时间和精力，会很辛苦，而且她的身体有病，怕太辛苦，所以她拒绝了。第二个同学当时有机会到美国去，能得到一个比较好的研究方面的职位，有利于做她的研究，所以她对这个副校长的职位也不感兴趣。其实，她们拒绝出任副校长最主要的原因是都知道巴黎高师男校、女校合并之后的情况非常复杂。学校是国家办的，没有多少经费，工作人员也不多，还有很多组织上的问题，所以会有很多麻烦。她们之所以知道这些，是因为她们有内部的关系。因此她们都拒绝了。

除了这两个人以外，我认为还有一个有资格担任副校长的人选，可她是一个共产党人。学校觉得不行，政府也不愿意，他们要社会党的。反对派也不愿意副校长是共产党人。这个人虽然够资格，但是没有人问她。这样，学校内外一些校友就开始查女子高等师范学校以前的学生名单。这个目录是按照拉丁文字母顺序排的，看了 A 没有，然后再看 B。我的名字的第一个字母是 B，所以他们很快就看到了我并且认为挺合适。当时我 47 岁，已经是国家科学研究中心的特级研究员了，有比较高的地位。我出版过专著，有较高的学术水平，懂外语。另外，我有一个美满的家庭，有丈夫和两个孩子，没有任何外遇。我还出身于一个比较有名的书香家庭。有一天，一个拒绝了这个职务的女性朋友给我打电话。她是我的同学，比我年纪大。我上学的时候，她也是学历史的，所以我们认识。她在电话里说："我很想来见你，因为有一些事情要跟你谈。"我很高兴，对她说："我们好久没见了，你来吃午饭吧。"吃饭的时候，她对我说："有不少人建议你做候选人，当新的高等师范学校的副校长。"我说我对现在的高等师范学校的情况完全不熟悉，而且也一直没有做过管理工作。她说没关系，不是很麻烦的。我告诉她，我还是希望继续做研究，而且我对现在法国大学里面的很多事情都不熟悉。她说，这些都没关系。

于是，我就征求了我丈夫的意见。当时，我丈夫正生病呢，而且比较严重。我要照顾他，如果担任副校长的话会影响我对他的照顾。可是，我丈夫对我说，你应该接受。我就想，我研究过教育，特别是对中国的教育比较了解。中国有一千年的科举制度，关于这种考试制度的优缺点，我比较熟悉。另外，我去过美国、日本，对其他国家的教育制度也比较熟悉，了解它们的经验。我可以为巴黎高等师范学校的发展起到一些作用，因为我的看法跟其他人是不一样的。所以，我就同意了当候选人。当时应聘副校长职务的还有一名男性候选人。最后我当选了，他们选我，因为我是女性。巴黎高等师范学校男校和女校的合并是不容易的。

巴黎高师男校和女校的合并是在1988年，可是他们选我当副校长的时候，教育部部长很不高兴。这主要是因为我丈夫是戴高乐派的，不是社会党的，而戴高乐派属于反对派。他认为，决定副校长人选的学术委员会选我是为了让一个亲戴高乐的人来做这一职位，因为我丈夫是戴高乐派的，所以他不高兴。教育部长有一个顾问，这个顾问后来也当上了部长，而原来的部长当了总理。这个顾问也反对我当副校长。学术委员会选了我之后，还需要部长上报总统府，然后由总统下令正式任命。可是，我等了很长时间，也没有发出总统令。我就问教育部，为什么等那么长时间，如果部长不想用我，我是无所谓的，回去研究中国近代史就好了。可是有人告诉我，事情已经定了，是密特朗总统说要选巴斯蒂女士，教育部长也只能服从。总统虽然不认识我，但知道我的家族的长辈。

我在巴黎高师副校长的职位上干了五年，主要做的就是男女两校的合并工作，也做了一些努力来改变文学院里面的不足。文学院的教授有一部分是从女子师范来的，一部分是从男子师范来的。我发现，男教授很怕女教授，担心女教授的学问比他们大，水平比他们高。所以，我想了很多方法来改变这种状况。我经历过中国的"文化大革命"，也研究了一些"文化大革命"的情况。对于大学里面的冲突，特别是团体、派别之间的斗争非常了解。中国是这样，法国也是这样，英国也是一样的，没有区别，实际上都是一样的。可是，如果你了解基本的原因，那就是男教授们怕别人特别是女教授比他们强，怕丢脸。我了解了他们的这种心理，所以就想办法去平衡，进行调和，促使他们相互交流，消除相互之间的恐惧。我想了很多办法做这件事。另外，教员里面有一部分人资格不够，应该让他们离开，可是让他们离开得想一个妥善的办法。如果这样的事情处理不好，其他的人都会有意见。所以，我就想办法提高他们的地位，然后再调到另外的地方去。这种方式是非常重要的，这些人很高兴地离开了巴黎高师，没走的人也很高兴。这样，学校就可以选新的人才来补充，开始新的研究方向。这项工作不能大张旗鼓地做，只能在私下里进行，是很仔细的工作。我这样做了以后，其他的教员、学生都觉得很好。这样做也帮助教员为学生们开了新课，学生们也有了新的学习机会。

当时，我只管文科学生，理科学生由校长管，理科的组织与文科是不一样的。文学院那时候的情况不太理想，尽管学生的质量非常好。我就想，有这样天才的学生，我应当帮助他们得到更好的发展。他们毕业以后可能会成为大学的骨干，尤其是文学研究方面的骨干，所以应该好好地培养他们。我就想了一个方法，文学院的学生在上学期间都应该到外国去游学一年，我跟美国、中国的一些大学达成了协议，让学生们可以在这些大学教书挣钱，也可以有比较好的学习环境，能够开阔眼界，有利于学外语。另外，我对文学院的专业也做了调整。文学院有些学生的专业是拉丁语希腊文。可是，我觉得，拉丁语希腊文用得越来越少，不需要培养太多的人，否则他们毕业以后也找不到工作。学生们如果喜欢拉丁语希腊文，他们可以继续学，也可以写文章，但他们应该选另外的专业，需要的话可以利用他们所学的拉丁语希腊文。所以我提倡他们学，但不要当作一个专业。再比如，法律学、社会学、人类学，或者外国研究，如研究日本、中国、南美洲、欧洲、俄国等，都值得研究，但人也不要太多。我还可以安排他们学阿拉伯文，以便研究阿拉伯国家。他们有拉丁语希腊文的基础，也可以研究阿拉伯的文化。所以，我主张学生们的专业要宽泛，要开阔眼界。

对于教员，我认为巴黎高师有一个缺点，那就是教员之间没有交流。教员不应该终身都待在学校里。这里的教员不像其他大学那么多，学生也不多。巴黎高师每年文科招100人，理科也招100人。如果这些教员终身在学校，他们教的课也总是重复，就不会有新的创造。所以我想应该常常有新的教员来，这样可以带来新的研究方法，能够教授和研究新的东西。他们可以在巴黎高师教十年、十五年，然后到其他大学去任教，而巴黎高师再引进一些新的教员。总之，教员要有流动性，这样才能把最先进的东西带过来。

我丈夫告诉我，问题是教员在师范大学教书是非常舒服的，有自己的办公室，学生质量也非常好，教素质好的学生是非常快乐的。另外，师范大学的教员没有考试的压力，所以他们都不想离开。但是，我要改变这个制度，主张招聘副教授。我告诉学校中的副教授，你们在师范大学只能当副教授，但可以到其他大学去当教授。在这里你不能升上教授。我们这样做不是要把你赶出去，而是希望你在其他大学里能找到理想的教授职位。听我这么说，教员们也都愿意，因为他们在师范大学期间也为升教授做了必要的准备，如写书和写论文等。教员们认为这种做法对他们有好处，因此，许多人就到其他大学当教授去了。这是我当副校长时采取的一项比较重要的措施。很可惜,巴黎高师后来不继续这样做了。

我在巴黎高师当副校长的任命期是五年。五年以后,如果愿意,而且没有犯过什么错误的话,我就可以继续当,但是我没有继续当。我想,如果我自己不离开,不让别人来,我同样也没有做到创新,没有给学校带来新的东西。这是一个原则,我自己不离开,我的全部政策就是不可信的。这是第一个原因。我当副校长的时候,我还在继续教书,所以我要准备我的课,因为我每年教的课都是不一样的。我同时要做新的研究,要看资料,但是没有大块的时间看,只是利用业余时间去档案馆或者图书馆。我还要参加学术讨论会,但提供论文越来越难了,因为我的知识储备越来越少,我应该丰富我的知识仓库。这是第二个原因。我想,我以后要做研究,如果继续做副校长这个管理工作,我是没有时间看书,没有办法继续做研究的。另外,我当副校长期间,中国实际上又"关门"了,所以我做管理工作也没关系,因为我没法去中国。1989年3月我去了一次中国,可后来就没有去,以为在中国不能做学术研究了。但从1993年开始,中国又恢复了对外文化交往。中国这时还没有崛起,但已是崛起的开始。我想,中国的改变很大,我应该做这方面的研究。

第八章　巴黎高等师范学校的副校长

总之，一方面，我主张学校的人员应当流动，这个政策首先应由我来实验；另一方面，我还有很多想做的研究工作。所以，我就不申请继续当副校长了。学生、教员和一般的工作人员都表示希望我继续当副校长。第一任校长过了一年去世了，新校长也是搞自然科学的，是一个物理学家。他不太喜欢我，因为他发现在学校里面大家都很尊敬我，也相信我，大家都愿意找我帮忙。我当时就知道这个情况不太妙，因为一个男人是你的上司，如果大家都去找你而不是找他，他肯定会不高兴，受不了。他虽然没有公开说，但我知道他很不高兴，也知道他不希望我继续做副校长。他知道如果我愿意，大家也都愿意，我继续做副校长是没有任何问题的。他虽然很公正，但也很不情愿。在这种情况下，我想最好是我离开，因为我不想反对他，说他这儿做得有错误，那儿做得不对。这样不行，还是让另外一个人来做副校长吧，所以我就推荐了另外一个人，是男子高等师范学校的毕业生。校长非常高兴。可是过了三个月，校长和新的副校长之间就发生了很激烈的冲突。结果，副校长就没有办法继续当下去了。在这以后，校长促使教育部改变了学校的章程。原来巴黎高师只有一个副校长，这个副校长的地位在校长之下，但并不是完全服从校长，有自主权。也就是说，虽然是校长负责制，但是，副校长的权力也比较大。校长改变章程后，学校就有两个副校长了，都是校长本人选的，而不是特殊委员会推荐的。副校长完全服从校长，也不可以对全校发布命令，也没有什么管理的权力。

当我知道校长想做这样的规定后，我向学校的学术委员会提出意见，说这样做不对，不应该专断。学校不是国家，文学部和自然科学部应该保持平衡。不然的话，自然科学就要统治全校了，文学部就没有办法发展了。我当副校长的时候，信息化刚刚开始，自然科学部就有很快速的网络，可是文学部一没有电脑，二没有网络。所以，我决定在文学部安上快速的网络，发给教员电脑，以便都可以应用信息化的东西。这些设备是比较贵的，文学部的预算不够。我就在学校执行委员会和学术委员会的会议上说，文学部需要快速的网络，需要新设备，也要培养文科学生应用这些新的东西。文学方面也有数据库，那时候在美国刚刚开始兴起。这些数据库对文学研究、历史研究、地理研究，是非常重要的。所以，我要求给文学部配备这些设备。自然科学方面的人也说应该支持，可以从他们的预算中拿出一部分钱来给文学部用。这样一来，我们大学的自然科学和文学就平衡了，两者之间也保持了很好的关系。实际上，自然科学方面的人也很尊敬文学，尊敬文学的权威。我要的钱对他们来说是很少的，跟他们的设备比起来不算什么。他们也愿意给，因为我告诉他们这是为了学术研究，所以师范大学的文学部很早就有了信息化设备。这是我的贡献。

我到巴黎高等师范大学当副校长之前,是在法国国家科学研究中心工作的。但实际上,法国的科学研究中心不像中国科学院那样独立,与大学不是完全分开的,有很多交流。高等师范学校属于教育部或者高等教育部,科学研究中心有时候属于一个专门的科学研究部门,有时候属于高等教育部,而有时高等教育部与科学研究部是合并在一起的。高等教育部的工作人员和国家科学研究中心的工作人员都属于国家公务员,所以,一所大学或一个研究机构都可以从对方借调人才。我在高等师范学校工作的时候,实际上是高等教育部给我付工资。五年以后,如果我继续当副校长,它还要付给我工资。如果我要回到科学研究中心,那也没有问题。

说到大学教育,我还想补充一点我在高等师范学校当副校长时做的一件事情。那时候,文学部每年招收的新生是100人。9月开学后,我都会安排这些新来的学生和我见面,每个人要进行最少半小时的交谈。我想知道他们来这里上学的目的,看他们有怎样的想法。我觉得新生入校以后常常不知道要学什么。有一部分人虽然有自己的目的,可不知道怎么实现。跟他们谈了之后,我对他们就有了初步的印象,是什么样的人,性格如何,有什么打算等。如果他们还不知道选什么专业的话，我会告诉他们，如果对哪个领域有兴趣，可以去找谁，这些人都是专家、教授，可以帮助他们。比如，有一个学生想研究古代的南美洲，可是高师没有这方面最好的专家，我就告诉这个学生到其他学校找谁，去听他的课。这对学生的帮助非常大。学生入校的第一年，我会关注他们所有的人。他们一般要在学校里学四年，最后一年的时候，我也会关注他们所有的人。他们要离开学校了，我会跟他们商量毕业后要去什么地方，帮助他们在大学里得到一个教职，或者帮助他们出国深造。这样，他们离开学校以后很快就能利用上他们所学的东西，不会无所适从。一年级和四年级的学生一共是200人，所以我每年要与200名学生直接交流。对于其他年级的学生，我也会告诉他们，如果有什么问题可以随时来找我，但我不会主动去找你们，你们需要我的话就找我。一年级和四年级的学生，我都会主动去找他们。通过这个办法跟学生直接交流，对学生有用，对我也很有用。我可以了解到学校中什么样的教学是成功的，什么样的教学不行。哪些教员工作做得比较好，哪些教员还需要改善教学方法。

第九章　法兰西科学院院士

我在国家科学研究中心工作了几十年，没有担任过任何行政领导职务，但是我有不少学术兼职。首先，我是国家科学研究中心的学术委员会成员。这个学术委员会的责任有两个。第一个责任是参加各种学术评审，比如说，有一些学者提出一个研究计划，或想建立新的研究所或研究组，或准备召开学术讨论会而向科学中心申请一部分钱。在这种情况下，学术委员会就要审核他们提供的资料，做出评价，认定这个研究计划有价值还是没有价值，或者哪里存在一些不足的地方应该改进，最后决定要给它们多少钱的资助。这个评审的工作是非常重要的，因为支持什么和不支持什么，这是研究方向的问题。第二个责任是招聘新的研究人员。这个责任也是非常重要的。比如，科学研究中心要招聘近现代史方面的研究人员，计划招聘四个人，但会有很多人选。学术委员会就要看他们的资料。由于这些申请者的研究题目都不一样，所以学术委员会要看他们的研究题目是否有价值，有没有比较大的研究空间，是重复前人做过的研究还是真正的新的研究等。

除了参加学术委员会的上述工作，我还时常做学术著作出版资助的评审。研究人员要出版学术著作，但需要资助，因为书店或出版社不愿意出版，学术书籍不可能卖出很多。所以，研究中心可能提供一部分经费资助出版，但首先要决定是否资助和资助金额。这样的评审工作我也做过很多。另外，我还参与了不少杂志编辑部的审稿。编辑部时常把论文寄给我，请我审查它们是不是可以发表，如果发表的话，是不是要做一些必要的修改。通常的做法是，我审完稿子后会向作者提一些意见，然后，作者再进行修改，杂志再发表。请我当评委的杂志有很多，其中有来自中国台湾和香港的杂志，也有日本、美国的杂志。他们常常将一些文章寄给我，知道我是该领域的专家，所以让我审读并提出可以或不可以刊登的意见。有一些大学要招聘教授，也会请我看申请者的资料。我的一些学者朋友想到什么大学去任教，也会请我写推荐信。中国也有一些年轻的博士生在找工作的时候请我写推荐信。我认为年轻人能否得到一个工作,推荐信是有着不小的作用的。所以,我会尽量写得比较具体,也比较有说服力,这需要花费不少时间。现在还有很多年轻人给我发邮件,希望我能帮助他们。

我现在的杂事也比较多,除了各种评审工作的任务之外,我还在法兰西科学院担任院士,一些大学也邀请我参加它们的学术委员会,做许多方面的学术顾问。这些工作都很费时间。

在法国,最高的学术权威机构是法兰西科学院,始建于1795年。它下属五个学院,包括负责法国语言文学的法兰西学院、负责古代语言与文明的碑文及文学学院、负责自然科学的自然科学院、负责艺术和美术的艺术学院、负责近现代人文和社会科学的人文及政治学院。法兰西科学院虽然院士中一半以上是自然科学学者,但也包括社会科学,比如说古代史和近代史。我所在的人文及政治学院里有许多政治家、法律学家、经济

法兰西科学院

学家等。以前的法国总理皮埃尔·梅斯梅尔和雷蒙·巴尔，还有许多前部长，以及前欧洲中央银行行长让·克洛德·特里谢等都是人文及政治学院的院士。让·梯若尔教授是2014年诺贝尔经济学奖获得者，一个非常有名的经济学家，也是人文及政治学院的院士，和我是同事。此外，人文及政治学院里还有来自实业方面的经济学家和一些企业的总经理。这样一来，我所在的学院的一部分人不是来自大学或研究机构，实际上是参与政治的人。但是，这些人一方面参加政治活动，另一方面也是学者，也写书和发表文章，所以他们不但是政治家也是学者。一些很有名的外交家也加入了人文及政治学院，他们既做学术，同时也做实际工作。人文及政治学院在这方面是很特别的，当然也有不少人是纯粹的学者，是大学的教授。

我当选法兰西科学院院士是在2001年，被选上的原因有两个。您听说过阿兰·佩雷菲特吧，他是法国的一个政治家，也写过不少关于中国的书，介绍中国跟欧洲的关系。当过教育部长和司法部长，实际上他还是一个外交家。他虽然不懂中文，可常常去中国，跟中国的领导人有很密切的关系，所以他也算是中国问题的专家。1999年他去世了，有人提出人文及政治学院需要一个懂中文的人，因为中国在国际舞台上变得越来越重要。研究当代世界需要有一个懂中文同时又做中国近代史研究的人，这是我当选的一个原因。可是，法国懂中文的人也很多，因此我被选上还有另外一个原因。人文及政治学院同其他四个学院一样，女性院士非常少，绝大多数院士都是男性，所以人文及政治学院的一些人认为，应该增加女性院士，不然的话也是有麻烦的，人们会指责说男女不平等。由于我经常帮助他们做一些学术方面的事情，比如评奖或各种评审方面的工作，所以与学院的一部分人比较熟悉，于是他们就找到我，推选我当院士候选人。第一次补选的时候，我没有能当选，另外一个人选上了。2001年再次补选的时候，我当选了人文及政治学院及法兰西科学院的院士。

和中国一样，院士的学术地位和社会地位都很高，因为院士的人数是很少的，其中女性更少。根据最近的数据，法兰西科学院的院士一共有464名，另有外国合作院士191名，国内和国外通讯成员309名。人文及政治学院有院士50名，外国合作院士12名，国内外通讯成员60名。法国科学院的院士是终生职衔，但没有什么特殊待遇，完全是名誉上的。我们在科学院的活动是这样的，每周开一次会议。会上会有人来做一个报告，然后，我们大家来提问题，讨论这个报告。报告的题目是由主席安排的，报告人是学院以外的学者，或者是院士。院士间也有一个组织，每年选一名主席，任期是一年，是轮流担任的职务，按年资任职，不愿任职也可以。主席会要求我们制定一年的研究大题目，还要确定每周邀请谁来做报告和每次报告的具体题目。一年内，日常的日程都由主席来组织和安排。每周的会议以及所有的仪式都由主席来主持。2012年我当了一年的主席。院士如果每周都能按时参加报告会，一个月就可以得到430欧元的补贴。如果不参与或者没有完全参与的话，他只能得到320欧元或350欧元的补贴。所以，法兰西科学院的院士没有什么特殊待遇。我现在退休了，从国家科学研究中心领退休金。在法兰西科学院，院士们也都没有办公室，我没办法在这里约见客人，更没有什么配汽车、秘书这类的事，院士在法国完全是名誉上的。但是，法国人非常看重并认同院士这一名誉，因为大家都会认为你的学问很好。实际上，我做的好多事情都是义务的、无偿的，但我非常愿意做。比如说我参加过很多学术会议，花费很多时间做评审工作等，都得不到一分钱，完全是义务的。现在，我被邀请到中国参加学术讨论会，一般是举办方负责我的住宿费，但旅行费都是我自己出的。我是退休人员，所以国家科学研究中心也不会提供什么经费。根据法律规定，我67岁时必须退休，可是实际上，因为我是法兰西科学院的院士，所以我的学术活动还在继续。

第十章　我的家庭

在一个人的事业发展过程中，家庭是非常重要的因素，我也同样如此。在前面的访谈中，我讲过我爸爸和妈妈。在这里，我愿意再谈谈我的丈夫和我的孩子。

我丈夫名叫米歇尔·布律吉也尔（Michel Bruguière），他1963年毕业于男子高等师范学校，专业是法国财政史。不幸的是，我丈夫1989年就去世了，也就是我当上高等师范学校副校长一年以后。我们是1972年结婚的，也就是我第二次去中国回来以后，去日本以前。当时，他对我说，我们结婚吧。我说好。我们是大学同学，认识很长时间了。我说，我先去日本，从日本回来以后再结婚。所以，他又等了一年多。我们在大学相识是很有意思的，还与中国有关系呢。他的硕士论文写的是云南铁路，可他并不是汉学家，只是对经济史、财政史感兴趣。云南铁路实际上是法国政府要求法国银行投资修建的。法国政府当时认为，越南北部要发展经济，就需要跟中国有交通联系，可这个地方到处都是山。

这篇硕士论文是1962年写的，他怎么会写这样的硕士论文呢？1898年的时候，法国政府强迫法国银行投资修建云南铁路，可是，修建云南铁路是非常困难的，因为到处都是山。后来，这条铁路修成了，现在这条铁路还有呢，一部分还在使用，另一部分我听说也要恢复。他就想研究这条铁路的修建。他认为，这是帝国主义的一个表现，政府完全是出于政治考虑，因为经济方面的利益不大。另外，云南是一个比较偏僻的地方，当时到昆明没有铁路，跟法国政府占领的越南北部的情况是一样的。他想证明，修这条铁路不是为了经济利益，而完全是政治的问题。这些法国银行不愿意投资，它们投资以后，利息很低，根本无法收回投资。可是，政府一定要求它们去做。我丈夫指出，一些权威的法国历史学家所接受的有关"资本家的利益促进并决定了帝国主义政策"这一理论是不对的。他做这项研究的时候使用了法国银行的档案，这些档案都是私人的，不是国家的档案，所以他的硕士论文是非常有价值的。

我和他第一次见面是在1962年年末的巴黎大学，是由我们的一个共同朋友介绍的。朋友说这位同学参加男子高等师范学校的入学考试,得了第一名。在交谈中,我的未来丈夫告诉我,他写过关于云南铁路修建的硕士论文。他说云南省回民很多,我当时不知道云南省回民多。回民起义的时候,许多人都被杀掉了。研究辛亥革命的时候,我所看到的资料里面没有提及回民的记载。辛亥革命时的昆明起义,参与的都是汉族人,也没有回民参加,所以我不知道云南有回民。于是我就对他说我没听说云南有回民,可我回家查了一些书,就发现实际上云南的回民确实很多。当第二次再见到他的时候,我说你是对的,你的知识比我的多,你知道云南省有回民,我不知道。后来他参加了中学历史男教师资格的考试,得了第二名,我参加中学历史女教师资格的考试,得了第一名。然后我去了中国,开始做我的研究。他得先当兵,在摩洛哥当了两年兵。他在摩洛哥的一所女子中学教书,所有的女学生都认为他非常聪明。当时的法国总理蓬皮杜也是高等师范学校的毕业生,他当总理后需要一些文章写得好的人帮他写讲话稿,做他的幕僚。男子高等师范学校文学院的学生在这方面水平很高,很多人的文章写得既清楚又深入。他们在政治上虽然各有派别,但都很可靠。所以,蓬皮杜总统就给我丈夫写了一封信,说你回巴黎的时候请来看我。我丈夫从摩洛哥回国后就去找他了。蓬皮杜总理问他:"你愿不愿意跟我一起工作,帮助我?"我丈夫希望一边做学术，一边做政治工作，所以就非常高兴地接受了邀请，给总理提供帮助，特别是教育和科学研究方面的帮助。

这是1966年的事。当时我在中国，他写信告诉我总理要他做顾问。我回信说，你要注意啊，因为中国这边有"文化大革命"，搞政治很容易惹麻烦。我丈夫对蓬皮杜总理有过很多的帮助，因为他在大学里面认识很多人，所以蓬皮杜总理那时候在大学里的事情就办得非常好。可是戴高乐总统就不行，他在大学里面没有特别的关系。蓬皮杜是高等师范学校毕业的，很长一段时间是在中学教书，对大学和中学都比较熟悉，而我丈夫那时候起到的作用比较大，他可以跟大学里面的人联系。那时候法国大学里面也爆发了"革命"，尤其是1968年，大学里面有一部分学生是非常积极的，法国当时的局势也像中国的"文化大革命"那样。局势平定后，7月戴高乐解除了蓬皮杜的总理职务。蓬皮杜离开了，但我丈夫还留在新的总理府里。1969年6月，蓬皮杜当选总统。于是，我丈夫又到总统府里面工作，当技术顾问，直到1974年4月蓬皮杜去世。在这期间，我丈夫一直都跟蓬皮杜在一起，但他一面在总统府工作，一面在高等研究应用学院教财政史。1970年，他曾被聘为高等研究应用学院的教授，但我丈夫的主要工作是在总统府。通常，他早晨八点离开家，晚上九点才能回来。只有周末他才能准备他的课，因为他的课是星期一上，所以每到星期六他就会去档案馆备课。从1974年开始，蓬皮杜成立了一个法国语言委员会，具体负责的就是我丈夫。这个委员会是联合一些法语国家，如加拿大、非洲的一些国家、东亚的柬埔寨等把法语作为官方语言的国家，来保持和提升法语在国际社会中的地位。那时候，法国政府对语言的政策是比较复杂的，因为英文使用越来越广泛，而且还是国际语言。比如，如果在中国只教英语，那么其他的语言就真的没有希望了。我丈夫想到了这个问题，所以在这方面做了不少工作。他与西班牙、德国以及其他一些国家进行联系、沟通，进行语言交换教学，就是西班牙中学里不只教英语，也教法语，法国的中学里面也教西班牙语，以及英语、德语，这是一个交换的问题。为了保卫法语的影响力，他做了大量工作，这也是一个比较复杂的过程。比如，计算机等领域经常会出现一些新词汇，是利用英语的词汇，还是创造自己的新词汇？这个问题跟一些说法语的非洲国家和加拿大魁北克遇到的情况是一样的，利用英语词汇普通老百姓听不懂，看不懂，所以应该创造法语的新词汇。魁北克比较有经验，因为那里的人们很讨厌英语，所以不断地创造新的词汇。法国就可以借用这些词汇。魁北克创造了一个新词汇，在法国可以用，在非洲也可以用，可以说是共同的法语新词汇。在这方面，我丈夫和他领导的这个委员会做了很多工作。这个委员会所做的另一项工作是推广普及法语歌曲。对一种语言来说，唱歌是非常重要的。法国有很多受欢迎的法语歌曲，因为有很多好的音乐家，不只在法国，在非洲和加拿大也有很多。

这项工作我丈夫做了五年。1979年，新总理想把这个委员会的领导权给他的一个朋友，所以就把我丈夫排除在外了。实际上，我丈夫也想更深入地参与政治，好几次在地方上竞选国会议员。有一部分选民投了他的票，但大部分人选了另外的人。在地方上，他没有当上国会议员，但当选为市长以及区和大区代表。我丈夫所

巴斯蒂家中一角

在的那个地方是农村地区,可他不是本地人。在农村,你要想当国会议员,不是本地人就很难。大部分老百姓还是喜欢本地人,喜欢个子高的、能喝酒的人。我丈夫去世以后,很多当地人说:"我们没有选他是犯了很大的错误,如果选了他,我们的情况会比现在好得多。"在民主国家,搞地方政治管理是很难的,最好的人不一定会被选上。我的父亲也参与过政治,他比普通国会议员高明得多,也能干得多。可是,战争后当地老百姓喜欢没有参与过抵抗运动的人,所以他们选择的人常常不是最好的。民主确实不是理想的制度,但还是比专制要好。可是,不一定是最聪明的人当选,不聪明的人、不能干的人当权也是很麻烦的。

我们有两个女儿。大女儿想考高等师范学校,考了两次,笔试通过了,但口试失败了,所以她决定不再试第三次了。她离开预备科,上了大学。她的专业是俄语,一面学俄罗斯文学,一面学法国文学。后来她考进政治学院,希望以后可以进入到外交部工作,但是进入外交部也要有一些考试。她想当外交官,因此也参加了考试,当时学俄语的只有一个名额。她的笔试通过了,但在口试时有另外一个男生与她竞争。最终,那个男生考取了。我女儿考了两次,两次的结果都一样,所以她绝望了。后来我告诉她,在现在的情况下,当外交官对女性来说是很难的。如果你结婚了,你的丈夫也不一定陪你去国外，因为他不一定能找到工作。如果你们两个都当外交官，你和你的丈夫不可能在同一个地方工作，因为相关规定不允许。我有一个非常好的朋友，她的丈夫当上了驻中国大使，她本身也是非常好的外交官，中文非常好。但她丈夫当大使的时候她不能工作，当然她可以帮助自己的丈夫。她丈夫在北京当了大使，也在莫斯科当了大使，但她自己的工作没有办法继续。我还有一个做外交官的朋友，他在瑞士，夫人在巴黎，孩子们也是有时在瑞士，有时在巴黎。我跟女儿说，你喜欢当外交官，可是有些事情不一定是理想的，所以你不用很后悔。就在这时，有一家出版社招聘人。这个出版社主要是出版政府方面的书和文件，也出版其他方面的书，其中有很多是学术方面的。我女儿又参加了考试，结果考上了。现在，她就在这个出版社工作。这个出版社是属于总理府的一个机关，待遇比较好。出版社还办了一份关于国际问题的杂志。她负责这份杂志的编辑工作，跟很多人都有交往，也常常去外交部、经济部工作。这份杂志的名字叫《国际问题》，是一份非常好的杂志。跟她一起负责这份杂志的是巴黎第二大学的一位教授，但是主要文章都是我女儿修改的。

我的二女儿的专业是法律，大学毕业后在一家律师事务所工作。由于律师事务所的工作太紧张，她后来转到银行工作，做法律方面的顾问。现在，她在苏格兰银行巴黎分行工作，待遇也非常好，工作地点离她家也不远。不过，麻烦的是，苏格兰银行亏损得很厉害，所以巴黎分行可能要关闭了。我想，再过一年半左右，她就得找另外一份工作了。她是在英国得到的法律硕士，在苏格兰银行的工作既用英文也用法文。我的两个女儿都没有学中文，因为她们认为中文在我的生活里所占的部分太大，"侵占"了她们的空间。当然，她们两人对中国也有很多的了解。

第十一章　情系北大，情系中国

作为北大的一名国际校友，我也一直关心着北大的发展。除了在20世纪60年代在北大教书和学习的时期之外，1978年中国改革开放以后，我与北大的联系更为密切了。在北大，我有很多好朋友。我与历史系的张芝联教授的关系一直非常密切。在他2008年去世以前，我每次来北京都跟他联系，也常常通信。我同我在北大教的那些学生也有着比较密切的联系，很乐于帮助他们中的一些人到法国留学或者进修。我来北京的时候，常常在北大进行学术演讲，参加他们主办的各种学术讨论会。这些北大毕业生中许多人在不同的大学里教书，我来中国时，他们就请我到他们的学校讲学。我在巴黎高等师范学校当副校长的时候，也邀请过北大的一些教授

第十一章　情系北大，情系中国 | 139

巴斯蒂教授在自己的家中

当客座教授。现在我在中国的不少大学里也当客座教授。我不只是北大历史系的名誉教授，还是中国社会科学院近代史研究所的名誉研究员，北京外国语大学、北京师范大学、首都师范大学、华东师范大学、华中师范大学等高校的名誉教授或顾问教授、通讯教授。不过，这些称号实际上没有什么具体的作用。

我跟北大的联系一直比较密切，算下来也有半个多世纪了。近些年来，北大的发展非常快，但是我觉得北大的教育政策好像也有些问题。现在的北大有点儿像一个商业市场，要干许多赚钱的事，当然这也有一定的道理。问题在于，这些赚钱的事与北大的教育和研究的关系不大，甚至完全没有关系。我想这样做对学生的学习，对教员的研究会有不太好的影响。一所大学的主要关注点应当是培养学生和提高教授的学术水平，应当保证他们的质量。对老师来说，就是保证不给他们施加太多的压力，不能说你发表不了多少文章，我们就解聘你，而要鼓励、赞扬他们改善教学内容和方法，给他们足够的时间不断积累新的知识并进行创造，写出新理解或新理论。大学是研究、制造、传授学术和科学的一个重要枢纽，要给老师创造好的工作条件，比如说北大图书馆。在一个大学里面，对于文学和社会科学来说，图书馆是基本的设施，像自然科学研究所里面的各种器械一样，应该管理好、利用好它。这方面，我觉得现在的北大图书馆不如 20 世纪 80 年代。在 80 年代，北大人都很努力地提高自己学问的水平，现在人们似乎不太关注这个，而更看重商业性的东西，对基础研究也不太注重了。历史系 60 年代的时候有一批水平很高的学者，当时的社会环境不能向他们提供很好的研究条件，但是他们仍然努力地做学问。到了 80 年代，由于改革开放，历史系的老师在教学和研究方面都很努力，国家和学校也为他们提供了很好的政策。可是,一些在"文化大革命"期间招聘的人学术水平不高,也没有办法提高。所以有一段时间历史系是比较困难的,一方面有非常好的老学者,可另一方面中青年一代的水平又不太高,老师的水平相差比较大。到了90年代,老一代的学者退休了,水平不高的年轻学者多半也出去了,又有一些新的而且水平比较高的人进来。可是,这时候北大的生活条件不太好,比如说住房问题就很难解决。所以,有一些人就想,最好还是到外地去,到深圳、厦门去,因为那里的生活条件比较好。夫妇两人都可以找到工作,工资待遇也比较好,所以很多优秀的人就没有进到北大来。后来,北大领导也注意到了这个问题,也盖了楼,房子问题不像过去那样严重了。可是,我觉得北大领导制定政策时还是应当注重提高老师学问方面的水平,而不能只看重政治层面或是市场层面的东西。我想他们还是得重视北大的基本任务,那就是培养高水平的人才。现在北大有很多学生毕业后不知道要去什么地方,尤其是没有学术方面的目的。北大的许多老师非常关心学生,也乐于帮助学生,但是每个人的价值取向都不一样,有的鼓励学生做学问,有的鼓励学生经商,有的鼓励学生从政,非常分散。

我认为,一个大学要有自己的精神。北京大学的精神就是学者要坚持自己的学术思想,当然也要接触和听取各种不同的意见，为了学术要有一种开放的心态。北大应当继续这样的传统。我最近一次去北大是2014年。我听说北大有一件事情在国内国外影响都比较大，那就是搞燕京学堂。好像就是用两年时间培养中国学的硕士，主要生源是从外国招的留学生。北大给他们提供特别优越的学习和生活条件，目标是培养精通中国政治、经济、文化的学者。我认为，如果这些学生是外国人，北大要把他们培养成懂中国的专家，他们必须要与中国人有很多交往，必须懂中国的语言和文化。如果只是外国人在一起，只是用英文给他们介绍一些中国的事情，如果仅仅是两年，我认为这根本没有用，不可能达到办学的目标，充其量算是一种短期的培训。这样的培训对一部分人可能有好处，可是不要指望这些人成为汉学家。他们以后可以是各个行业中懂中国的人，但不可能成为汉学家。美国、英国都有类似的对外国学生的培训，这种培训不能说完全没有用，但不可能培养出真正的学者。

我也听说一些人不赞成这样办燕京学堂。绝大多数学生进来时连中国话都不会说，更不用说精通深奥的中国文化了。这样的学生在中国只学两年，听的课有历史、文学、国际政治、经济、商学、国际关系等，几乎什么都学。大多数课还是用英文讲的。那样肯定是不行的。关于培养国外中国学人才的问题，我在十二年前就写过一篇文章。我认为，中国政府没有对外文化战略，

第十一章　情系北大，情系中国

也没有有效的政策。在20世纪20年代，民国政府就制定了对外文化传播的政策，在这方面也做了一些事。比如，它在法国巴黎大学成立了一个汉语学院，不仅提供一部分资金，送来一些书，还派了一些中国学者到巴黎来搞调研。中华人民共和国成立后，向法国派过一些演员，做过艺术方面的交流，但没有进行过学术方面的交流，比方说，没有向外国提供教中文的教师，实际上也不支持在外国的中文教学。但是，中国台湾地区的做法就完全不一样。台湾地区的一些基金会设有一些奖学金，提供给欧洲的各类学生，如本科生、硕士生和博士生，鼓励他们学习中文和从事与中国历史、文化有关的研究，对美国的学生也是一样的做法。我认为这是非常好的政策。台湾地区这样做完全不干涉各地大学、学会或学者的自由，不提出什么政治上或思想上的条件，只关注学术质量，所以很受欢迎。中国大陆在很长的时间里没有考虑过这方面的问题。不过，近三十年来情况就不大一样了。正如您告诉我的那样，1987年7月，中国成立了对外汉语教学领导小组，2002年进一步发展成国家对外汉语教学办公室，主要负责对外汉语教学和汉语的国际推广。从2004年开始，中国也借鉴英国、法国、德国、西班牙等国推广本民族语言的经验，开始在海外设立教授汉语和传播中国文化的非营利性教育机构孔子学院。

近些年来，中国政府对对外汉语教学投入了大量的资金帮助，也资助一些外国学者到中国去做研究。不过，中国在这方面还有值得进一步改善的地方，还能做得更好。比如，对于来中国学习和研究的外国学者，中国政府应当减少对他们的限制。有人研究中国、关注中国是好事，他们可能有自己的意见，如果是真正的学术，而不是有意地反对中国，就不应当限制他们。他们说的很多话都是真话，有时候他们观察一些事情可能比中国学者更深刻一些，因为中国学者是"不识庐山真面目，只缘身在此山中"。反而是外国学者可能看得比较清楚。其实，反过来也是一样的。中国人到法国来，马上看到法国的一些问题，有时候法国人自己还没有发现，因为他们住在这个地方习惯了。所以我认为，外国学者可以帮助你更全面地了解你自己的国家。

另外，我还想谈谈对汉学家这个称谓的看法。汉学家是19世纪的词，这个词现在还在被利用，但是内容完全是不一样的了。我不认为我是汉学家，而是历史学家，因为我的专业是历史。但是，在历史研究的范围里，我又是专门研究中国历史的。我研究中国历史时，常常把中国历史与其他国家的历史做比较，如法国历史、英国历史、俄国历史、美国历史等。就是对中国历史，我也不是什么都懂，只了解一部分。另外，对中国社会的发展，我虽然有自己的看法，但没有社会学家的观点。在很多专门的领域，我都没有那么多的知识。所以，我不是汉学家，只是一个中国近代史研究方面的专家。但是19世纪就不一样，那时候，人们对中国的知识了解得很少，所以汉学家就是研究中国的外国籍专家，什么中国历史、文学、宗教、哲学、艺术，都应该研究，其中最主要的是研究语言，因为他们认为中国文字就是中国文化与其他文化之间最大的不同。你看19世纪所有的欧洲汉学家，还有20世纪世界上的大多数汉学家，他们主要的专业还是语言学，通过语言学解释文化的其他方面。现在与那时候是不一样的，一个重要的原因是中国语言有很大的变化，现代汉语跟20世纪初的中国语言就是不一样的。当然，我们也有一些语言学家专门研究中国语言，但是光这些还不行。如果要研究中国文学，你首先应该打下文学这个学科的基础，要了解这个学科是怎样发展的，它的目标是什么。为了了解中国文学，你就得学中文，不仅学现代汉语，而且要学古文，还要学当代的语言。古文是非常必要的，所以在北大学文学的人要用两年的时间学古文。没有语言的基础，其他有关中国的知识就没办法深入学习。但是，语言的特点不足以解释文化的多种复合性质的现象。

我的意思是说，对于研究中国问题的人来说，学习和精通中文是非常重要的。语言学习是很重要的，在语言教学方面，中国的台湾地区做得比较好。台湾地区从20世纪50年代开始就培养美国学生，而美国学生的要求又很多，所以台湾就想办法改进教学方法。台湾有非常好的语言学专家，能够将中国语言有效地教给这些美国和其他国家的学生。为了做到这一点，台湾的语言学者也做了很多思考，想了很多比较符合实际的办法。中国大陆方面在很长时间里完全没有这方面的思考，所利用的办法就是背，背唐诗，背汉字，就是一味地背。实际上，对外国人来说，应当教他们怎么使用。另外，在台湾，汉字的书写是繁体，这对于读古书是非常重要的。如果是研究文学的，你就需要看古文，读四书五经。如果不认识繁体字，可能就读不懂这些古书。

那么，外国人怎样才能学好中文呢？我觉得，他们可以先在本国打下比较好的中文基础，然后到中国来，跟中国学生在一起学习，接受中国教育。我想，这可能是最好的办法。以前，日本人就是这样培养他们研究西方的专家，中国有一段时间也是这样做的。一个人真正的文化基础是在中学得到的，所以最好的办法是派学生出国上中学，甚至可以去上小学，最好在十五六岁就到中国去上中学，然后学自己喜欢的有关中国的专业。比如说，美国以前最好的汉学家差不多都是传教士的儿女，原来住在北京，在中国接受小学甚至还有中学的教育，回国后上美国的大学。但他们的基础是在中国打下的，我认为这是理想的方法。

我所了解的巴斯蒂院士

王晓秋

巴斯蒂院士出身于书香门第，母亲是巴黎大学教授，父亲研究法律，做过议员。在来中国之前，巴斯蒂曾在巴黎东方语言文化学校学习过中文。1964年8月到中国后不久，巴斯蒂到了北京大学，从1965年1月开始在西语系法语专业做外教，教授法语。但是，她个人的兴趣是学习中国历史。1965年9月，她转到历史系当研究生，学习中国近现代史。历史系当时的系主任是著名历史学家翦伯赞教授，但接待她的是当时的副系主任周一良教授，周一良先生是非常有名的日本史专家。刚开始的时候，历史系安排邵循正教授指导巴斯蒂。邵循正先生是著名的历史学家，毕业于清华大学，研究中外关系史。他的毕业论文《中法越南关系始末》，写于20世纪30年代，直到今天仍然是研究中法战争的权威著作。后来，邵循正先生又研究了蒙古历史，懂蒙古语和一些少数民族的语言。他还曾在法国学习过，师从法国著名的汉学家伯希和。1965年，邵循正先生被派到乡下参加"四清"运动。因此，历史系又派陈庆华先生做她的指导老师。陈庆华先生是陈寅恪的学生，很有学问，当时是讲师，因为身体不大好，没有下乡参加"四清"运动。当时，陈庆华先生指导了好几位留学生，除了巴斯蒂以外，还有日本的狭间直树。狭间直树现在是日本著名的汉学家，当时是京都大学人文科学研究所的助教，现在是京都大学名誉教授，写了许多研究中国近现代史的著作和论文，在日本很有名。陈庆华先生每周给他们上几次课。"文化大革命"开始之后，留学生们没有办法继续学习了。于是，巴斯蒂1966年9月回到了法国。到这时为止，她在历史系学习研究了一年左右。巴斯蒂在北大历史系还是有很大收获的，打下了她后来作为中国近现代史专家的基础。陈庆华先生的学问很渊博，在指导他们如何看史料、做学问方面花费了很多心血。因此，陈先生去世后，巴斯蒂曾写过纪念他的文章。

巴斯蒂回国后，又先后去过中国的香港和台湾地区，以及美国、日本等国家进行她的研究。哈佛大学的费正清教授曾邀请她前去进行研究和讲学，1967年到1969年她每年都会去哈佛大学。另外，她也去过日本东京大学和京都大学做研究，与狭间直树有许多学术交流。回到法国后，巴斯蒂担任法国国家科学研究中心研究员，一直到退休。在这期间，1988—1994年，巴斯蒂曾担任法国巴黎高等师范学校的副校长。巴黎高等师范学校是一所精英学校，学生人数很少，只有一千多人，但文理科都有，是法国最高水平的精英学校之一，培养了很多总理、部长、科学家。2001年，巴斯蒂当选为法兰西科学院院士。法兰西科学院相当于中国的科学院。它的院士主要是名誉上的，分属自然科学、人文社会科学、考古艺术、古代历史等一些学部。巴斯蒂属于社会科学学部，主要侧重于研究近现代史。在法国，能当上院士是非常不容易的，应当是全国最著名的、最有成就的科学家。但是巴斯蒂很谦虚，按照巴斯蒂自己的说法，她之所以当选为院士，一是因为当时法国需要懂中国的学者，二是因为她是女性，当时法国女院士很少。其实，巴斯蒂在法国乃至欧洲、世界汉学界都有很高的学术地位，这是她当选院士的主要原因。

巴斯蒂对中国学者非常友好、热情，曾帮助不少中国学者去法国教学、进修或留学。她还经常参加中国学术界的学术讨论会或做讲演、交流。由于都是研究中国近现代史，我与巴斯蒂有过不少交往和交流。她的研究方向主要是中国近现代史，主要研究内容有 19 世纪福州船政局的留欧学生、20 世纪留法的勤工俭学运动、张謇等企业家及洋务运动、孙中山与辛亥革命等。她的这些文章很权威，利用了大量的法国档案资料。她的这些研究也正是我的研究课题，因此，我们有许多共同的研究领域和兴趣，一起参加过许多学术活动。例如，1998 年，我在北大组织的"纪念戊戌维新运动 100 周年国际学术讨论会"，这也是北大百年校庆的一项重要活动。我请了不少外国学者，其中就有巴斯蒂和狭间直树。她提交了题为《京师大学堂的科学教育》的会议论文，后来被收录进我主编的《戊戌维新与近代中国的改革》论文集中。另一次是在 2011 年，我组织了"辛亥革命与世界：北京大学纪念辛亥革命 100 周年国际学术讨论会"。巴斯蒂也应邀出席并做了题为《论 20 世纪初在巴黎及法属印度支那中国共和主义派与法国共和主义派的关系》的报告，这个报告后来被收入我主编的《辛亥革命与世界》论文集中。2003 年，巴斯蒂还邀请我到法国高等师范学校担任客座教授，为期一个月。在这期间，巴斯蒂想得非常周到，亲自去戴高乐机场接我，安排我住在巴黎圣母院旁边的学术会馆。因此，我多次去巴黎圣母院和卢浮宫参观，还应邀到巴黎高等师范学校做了演讲和学术交流。

巴斯蒂对中国非常友好、非常真诚。她在欧洲汉学界的学术成就和学术地位很高，对中国近现代史的研究很深入。她所做的不是一般笼统的研究，而是很细致具体的研究，利用了法国档案馆和中国、日本的档案史料。她认为，研究中国近代史必须了解日本的资料。我的观点和她一致。我在做研究时也运用了很多外国的史料，特别是中日关系方面的日本史料。历史研究要从史料出发，有根据，实事求是。学术研究，论点要有出处，要有史料根据。巴斯蒂教授在学术上不仅非常认真、严谨，而且视野很开阔，在世界背景下研究中国的问题，与中日关系、中法关系结合起来，看问题比较客观，实事求是地分析历史问题。她对中国的许多看法，对北大的看法都是出于友好和善意而提出来的，希望我们的学风更加严谨扎实。巴斯蒂认为，中国汉学的教育不能短平快，应当深入到中国的文化、历史、现状等各方面，许多汉学家都对中国做了几十年的观察研究。她还认为，汉学不仅是听课程，还要在实践中了解，要做深入的调查研究，从大量的史料事实中分析问题。特别值得提及的是，巴斯蒂特别关注教育在中国近代化历史发展中所发挥的关键作用，在这方面做了许多研究，内容涉及中国早期的留学生、京师大学堂的开办等。

（王晓秋：1959年考入北京大学历史系，1964年毕业后留校任教，在历史系中国近代史教研室担任助教，师从邵循正先生和陈庆华先生。1965年下乡参加"四清"运动,"文化大革命"开始以后回校,之后一直在历史系从事教学和科研工作,任中国近代史教授、博士生导师和教研室主任。在社会工作方面,王晓秋教授曾担任过三届全国政协委员以及国家清史编委会委员。)

致　谢

毫无疑问，我必须首先感谢巴斯蒂教授，没有她的鼎力支持和全力配合，这本国际校友口述实录是不可能问世的。她给我发来访谈邀请，亲自到饭店接我到她家。我整理出访谈初稿后，巴斯蒂教授又以史学家的严谨态度一字一句地审阅了全稿，做了精细的修改，提出了宝贵的完善意见。她的眼睛不好，在计算机上细看这七万多字的书稿，是十分不容易的。没有对中国、对北京大学的深情厚谊，是很难做到这些的。

我还要感谢北京大学国际合作部的夏红卫部长和各位领导、同事。其中，陈峦明先生十分细致周到地安排我去法国的行程、住宿，使我没有任何后顾之忧，得以全身心地投入与巴斯蒂教授的访谈之中。在书稿整理过程中，他也及时和热心地帮助我解决所有问题，与出版社的沟通也非常顺畅。正是由于他的协助，我非常顺利地完成了访谈和整理的工作。

北京大学历史系王晓秋教授不仅非常关心这套"北京大学新中国留华校友口述实录"丛书的写作与出版情况，而且为本书撰写了回忆巴斯蒂教授的文章。北京大学国际关系学院的相关领导和同事，对我的访谈工作尽可能提供了各方面的方便。北京大学出版社的丁超、周彬对这套丛书的出版有着极大的付出，责任编辑李冶威的辛勤工作使本书大为增色。在本书完稿之际，我真诚地表示我的谢意。

孔寒冰

2016年春于五道口寓所